Ab dem Hauptstudium
bis zur Examensvorbereitung

JURA INTENSIV

Skript
Grundfall
Klausurfall

StPO: Beweisverbote

an ausgewählten Fällen erklärt

Beweisverbote im Strafverfahren – erklärt anhand ausgewählter Entscheidungen aus der Rechtsprechung

Die **wichtigsten** klausurtypischen Probleme

Kurzfälle nach prüfungsrelevanter Rechtsprechung

Kompaktes Wissen für die Klausur

RA Thorsten Krauß

3. Auflage, Juli 2021

Herr **RA Thorsten Krauß** ist Dozent für Strafrecht und Strafprozessrecht sowie für die zivilrechtlichen Nebengebiete Arbeits-, Handels- und Gesellschaftsrecht. Im juristischen Repetitorium **JURA INTENSIV** leitet er Examens- und Assessorkurse sowie WuV- und Crashkurse.
Thorsten Krauß hat sein Studium an der Justus-Liebig-Universität in Gießen, sein Referendariat am Landgericht Limburg/Lahn absolviert. Nach einer Tätigkeit für die Staatsanwaltschaft wechselte Thorsten Krauß zu **JURA INTENSIV** und ist seit 1999 als Repetitor tätig. Die Zulassung zur Rechtsanwaltschaft erhielt er im Jahr 2004.

Autor
RA Thorsten Krauß

Verlag und Vertrieb
Jura Intensiv Verlags UG (haftungsbeschränkt) & Co. KG
Eschersheimer Landstr. 60 - 62
60322 Frankfurt am Main
info@verlag.jura-intensiv.de
www.verlag.jura-intensiv.de

Druck und Bindung
Druckerei Busch GmbH, Raiffeisenring 31, 46395 Bocholt

ISBN 978-3-96712-062-2

Die 1. Auflage (ISBN 978-3-946549-57-4) und 2. Auflage (ISBN 978-3-946549-92-5)
sind unter dem Titel „StPO in 33 Fällen erklärt" erschienen.

Vorwort

Die **strafprozessuale Zusatzfrage** gehört mittlerweile in den meisten Bundesländern „zum guten Ton" universitärer Scheinklausuren ebenso wie der Strafrechtsklausur im 1. Staatsexamen und kann dem Prüfungskandidaten im Wesentlichen in zwei Konstellationen begegnen:

Einerseits ist denkbar, dass strafprozessrechtliches Verständnis eine notwendige Voraussetzung für die Lösung des materiell-rechtlichen Teils der Klausur ist. So kann sich im Rahmen einer Klausur zu den Aussagedelikten die Frage stellen, ob etwaige Verfahrensfehler, wie z.B. eine fehlerhafte Belehrung des Angeklagten vor Gericht, seiner Bestrafung wegen uneidlicher Falschaussage oder Meineids entgegenstehen können.

Andererseits können Kenntnisse des Strafverfahrensrechts auch ergänzend zum materiell-rechtlichen Teil geprüft werden. Neben Fragen zur Organisation des Strafprozesses (z.B. zum Ablauf der Hauptverhandlung, zu den einzelnen Verfahrensbeteiligten oder zu den Voraussetzungen eines Rechtsmittels) gehört erfahrungsgemäß insbesondere die Überprüfung des Bestehens von **Beweisverboten** immer wieder zum Gegenstand strafprozessualer Zusatzfragen.

Da die im Kontext der **Beweisverbote** behandelten Zusatzfragen sich häufig wiederholen, relativ überschaubar und regelmäßig gut erlernbar sind, werden in diesem Skript anhand von für Studium und Examen relevanter Problemfälle klassische Beweisprobleme als Ausprägung strafprozessualer Grundsätze dargestellt, wobei aufgrund der Komplexität der Thematik die Auswahl der behandelten Fälle in dem hier gesteckten Rahmen nur exemplarisch bleiben kann.

Für Anregungen, Verbesserungsvorschläge und Kritik sind wir besonders dankbar. Sie erreichen uns im Internet unter **www.verlag.jura-intensiv.de** und per E-Mail über **info@verlag.jura-intensiv.de.**

RA Thorsten Krauß

Inhalt

GRUNDLAGENWISSEN
Die prüfungsrelevanten Beweisverbote in der Strafrechtsklausur

A. Beweisverbote

Nach dem in **§ 244 II StPO** geregelten sog. **„Untersuchungsgrundsatz"** hat das Gericht zur Erforschung der Wahrheit die Beweisaufnahme von Amts wegen auf alle Tatsachen und Beweismittel zu erstrecken, die für die Entscheidung von Bedeutung sind. Innerhalb der Hauptverhandlung gilt für Beweiserhebungen, welche Fragen der Tatbestandsmäßigkeit, Rechtswidrigkeit oder Schuld und solche der Rechtsfolgen der Tat betreffen, das sog. **„Strengbeweisverfahren"**, d.h. es besteht eine Bindung an die gesetzlich zugelassenen Beweismittel:

__S__achverständige – __A__ugenschein – __U__rkunden – __Z__eugen – __E__inlassung (des Angeklagten) Merke

Die Anfangsbuchstaben der 5 Strengbeweismittel bilden somit das **MERKWORT *„S A U Z E"***.

Aus dem in **Art. 20 III GG** geregelten **Rechtsstaatsprinzip** und dem in **Art. 6 I 1 EMRK** geregelten ***„Recht auf ein faires Verfahren"*** folgt jedoch, dass der Strafprozess ***„keine Wahrheitsfindung um jeden Preis"*** kennt. Nicht jede gewonnene „Wahrheit" kann von dem Gericht in seine Entscheidung mit einbezogen werden, manche Beweise müssen als nicht vorhanden auch unberücksichtigt bleiben. Vor allem sind Methoden der Wahrheitsermittlung unzulässig, die eine Verletzung der Menschenwürde eines Beteiligten (Art. 1 I GG) begründen würden.

Mithin stellt sich für den Klausurbearbeiter regelmäßig die Frage, unter welchen Voraussetzungen das Gericht im Rahmen seiner aus § 244 II StPO folgenden Aufklärungspflicht Zeugen und Sachverständige vernehmen, Protokolle über frühere Aussagen oder andere Urkunden verlesen und Augenscheinsobjekte in die Hauptverhandlung einführen kann, ohne gegen ein ***„Beweisverbot"*** zu verstoßen.

„Beweisverbote" sind alle Rechtsnormen, die eine Einschränkung der Beweisführung im Strafverfahren enthalten und bilden den **Oberbegriff für** die sog. **„Beweis*erhebungs*verbote"** und die sog. **„Beweis*verwertungs*verbote"**. Merke

Bei den **„Beweis*erhebungs*verboten"** geht es darum, dass in bestimmten Fällen die Beweisgewinnung als solches verboten ist, während bei den **„Beweis*verwertungs*verboten"** sich die Frage stellt, ob ein bereits vorliegender Beweis für die Entscheidung im Verfahren verwertet werden darf.
Dabei sind Erhebungs- und Verwertungsverbote grundsätzlich voneinander unabhängig. Ein Verstoß gegen ein Beweiserhebungsverbot kann ein Verwertungsverbot bewirken, muss es aber nicht. Andererseits kann ein Verwertungsverbot auf einem Erhebungsverbot beruhen, aber auch selbständig sein.

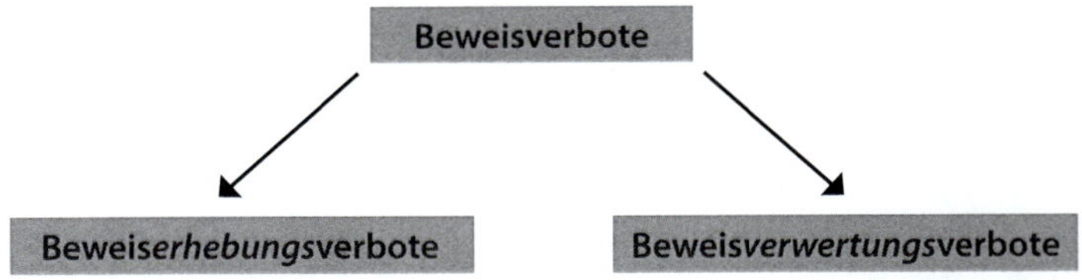

I. BEWEIS*ERHEBUNGS*VERBOTE

Innerhalb der Beweiserhebungsverbote wird begrifflich nochmals unterschieden zwischen **„Beweis*themen*verboten"**, **„Beweis*methoden*verboten"** und **„Beweis*mittel*verboten"**.

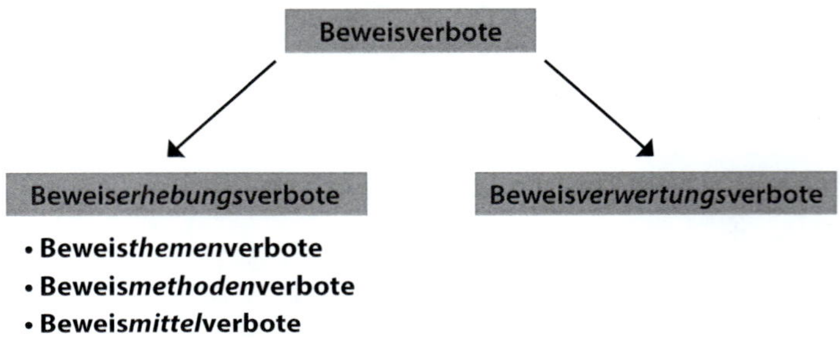

Merke **„Beweis*themen*verbote"** verbieten es, bestimmte Sachverhalte oder Tatsachen zum Gegenstand der Verhandlung zu machen. So dürfen z.B. Vorverurteilungen dem Angeklagten nicht mehr vorgehalten oder zu seinem Nachteil verwertet werden, soweit sie getilgt oder tilgungsreif sind (§ 51 I BZRG).

Merke **„Beweis*methoden*verbote"** untersagen eine bestimmte Art und Weise der Beweisgewinnung. Hierunter fallen z.B. Vernehmungen unter Verstoß gegen § 136a I, II StPO oder die Blutentnahme gem. § 81a I 2 StPO durch einen „Nicht-Arzt".

Merke **„Beweis*mittel*verbote"** untersagen es, eines der fünf an sich zulässigen Strengbeweismittel **(*„SAUZE"*)** zu benutzen. Z.B. darf die Aussage eines Beschuldigten, der im Ermittlungsverfahren nicht ordnungsgemäß über sein Schweigerecht (§ 136 I 2 StPO) belehrt wurde ebenso wenig als Beweismittel herangezogen werden wie das Protokoll über die frühere Aussage eines Zeugen, der sich in der Hauptverhandlung auf sein Zeugnisverweigerungsrecht (§ 52 I StPO) beruft. Flankierend verbietet der in **§ 250, 2 StPO** normierte sog. ***„Unmittelbarkeits-Grundsatz"***, das Vernehmungsprotokoll eines Zeugen zu verlesen, der persönlich in der Hauptverhandlung vernommen werden kann. Allerdings besteht – in Ausnahme zu § 252 StPO – wiederum die Möglichkeit, den Ermittlungsrichter zu hören, der den von seinem Zeugnisverweigerungsrecht Gebrauch machenden Zeugen zuvor ordnungsgemäß vernommen hatte.

II. BEWEIS*VERWERTUNGS*VERBOTE

Beweisverwertungsverbote verbieten dem Richter im Urteil Tatsachen zu berücksichtigen, die durch ein bestimmtes Beweismittel zuvor bereits festgestellt worden waren. **Sie werden danach unterschieden, ob sich das Verwertungsverbot als Folge eines Verstoßes gegen ein Beweiserhebungsverbot darstellt** (sog. ***„Unselbstständige* Beweisverwertungsverbote"**) oder ob es dem Gericht selbst bei rechtmäßiger Beweiserhebung verwehrt ist, das Urteil auf die so bewiesene Tatsache zu stützen (sog. ***„Selbstständige* Beweisverwertungsverbote"**).

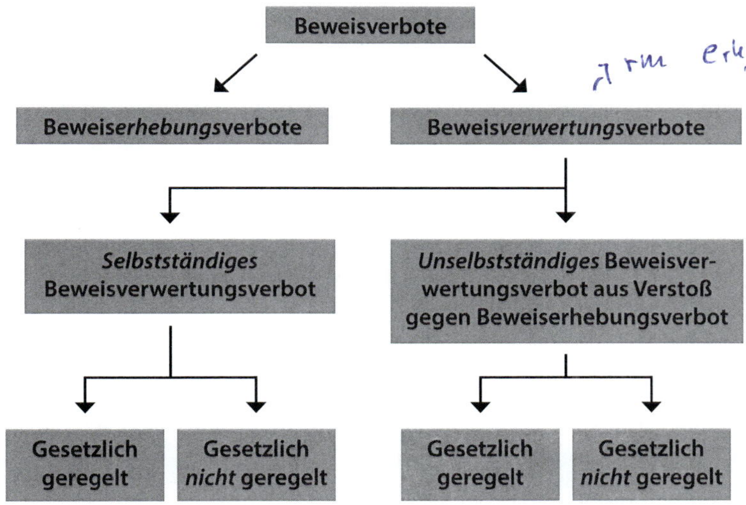

1. *Selbstständige* Beweisverwertungsverbote

Selbstständige – d.h. von einem Verstoß gegen ein Beweiserhebungsverbot unabhängige – Beweisverwertungsverbote sind in **nur wenigen Fällen einfachgesetzlich** geregelt (z.B. § 252 StPO). Andernfalls können sie sich **direkt aus der Verfassung** (z.B. Art. 2 I i.V.m. Art. 1 I GG) ergeben.

2. *Unselbstständige* Beweisverwertungsverbote

Auch die unselbstständigen – d.h. von einem Verstoß gegen ein Beweiserhebungsverbot abhängigen – Beweisverwertungsverbote sind **nur vereinzelt gesetzlich** geregelt (z.B. § 136a III 2 StPO). Im Falle einer fehlenden gesetzlichen Regelung hängt die Verwertbarkeit eines Beweismittels, das unter Verstoß gegen ein Beweiserhebungsverbot erlangt wurde, zunächst davon ab, welchem Schutzzweck das verletzte Beweiserhebungsverbot zu dienen bestimmt ist. Hierbei kommt der Frage entscheidende Bedeutung zu, ob das Beweiserhebungsverbot zumindest auch den Rechtskreis des Beschuldigten schützen soll (sog. ***„Rechtskreis-Theorie*"**). So kann etwa die Verletzung einer bloßen Ordnungsvorschrift, die nicht dem Schutz von Verfahrensbeteiligten dient, ein Beweisverwertungsverbot nicht rechtfertigen.

a) „Rechtskreis-Theorie"

Die „Rechtskreis-Theorie" wurde vom BGH im Rahmen des **§ 55 StPO** entwickelt (vgl. BGHSt 11, 213). Dabei ging es um die Frage, ob die Aussage eines Zeugen, der nicht über

sein Auskunftsverweigerungsrecht gemäß § 55 II StPO belehrt worden war, trotzdem zwecks Verurteilung des Angeklagten herangezogen und verwertet werden darf. Nach Ansicht des BGH ist dies möglich. Neben Normen, die die Grundlagen des Strafverfahrens bildeten, gebe es auch Verfahrensvorschriften, deren Bedeutung für den Beschuldigten selbst gering sei. Entsprechend der „Rechtskreis-Theorie" müsse deshalb für jede Vorschrift gesondert geprüft werden, ob ihre Verletzung den Rechtskreis des Beschwerdeführers wesentlich berühre oder ob sie für ihn nur von untergeordneter Bedeutung und ausschließlich den Interessen Dritter zu dienen bestimmt sei.
Für § 55 StPO hat der BGH festgestellt, dass durch diese Vorschrift – unter dem Gesichtspunkt des sog. ***„Nemo-tenetur-Grundsatzes"***, wonach niemand an seiner eigenen strafrechtlichen Überführung mitwirken muss (vgl. BGHSt 14, 358) – **ausschließlich der Rechtskreis des aussagenden Zeugen geschützt** werden soll und der des Beschuldigten gar nicht betroffen sei. Demnach folge aus einer Verletzung des § 55 II StPO *kein Verwertungsverbot* der Zeugenaussage *im Verfahren gegen den Beschuldigten,* sondern *nur gegen den Zeugen,* wenn es zu einem *Verfahren gegen diesen selbst* kommt.

b) „Abwägungslehre"

Ist der Rechtskreis des Beschuldigten berührt, ist sodann eine umfassende Abwägung der beteiligten Interessen vorzunehmen (sog. ***„Abwägungslehre"***), in deren Rahmen **einerseits das Interesse an einer funktionstüchtigen Strafrechtspflege, die Schwere des Tatvorwurfs und die Stärke des Tatverdachts, andererseits aber auch die Intensität des staatlichen Eingriffs gegenüber dem Betroffenen** zu berücksichtigen sind. Von Bedeutung für die Begründbarkeit eines unselbstständigen Beweisverwertungsverbots soll weiter sein, ob das Beweismittel **auch auf rechtmäßige Art und Weise** hätte erlangt werden können **(sog. *„Hypothetisch rechtmäßiger Ermittlungsverlauf"*)** und ob ein **bewusster Verstoß der Strafverfolgungsbehörden gegen Beweiserhebungsvorschriften** vorliegt.
Sehr bemerkenswert sind die Ausführungen des BVerfG zur „Abwägungslehre" (vgl. BVerfGE 33, 367; 46, 214): Auch wenn die Strafprozessordnung **nicht** auf ***„Wahrheitserforschung um jeden Preis"*** gerichtet sei, so schränke die generelle Annahme eines Verwertungsverbots doch **zwei wesentliche Prinzipien des Strafverfahrensrechts** ein, nämlich die ***Ermittlung der materiellen Wahrheit*** sowie die ***Schaffung materieller Gerechtigkeit.*** Daher verlange das Rechtsstaatsprinzip die Berücksichtigung der Belange einer funktionstüchtigen Strafrechtspflege, die nur gewährleistet sei, wenn ausreichende Vorkehrungen dafür getroffen würden, dass Straftäter im Rahmen der geltenden Gesetze verfolgt, abgeurteilt und einer gerechten Bestrafung zugeführt werden könnten. Daran gemessen **stelle die Annahme eines Beweisverwertungsverbots eine Ausnahme dar, die *„nur aufgrund gesetzlicher Vorschrift oder aus übergeordneten wichtigen Gründen im Einzelfall anzuerkennen sei"*.**

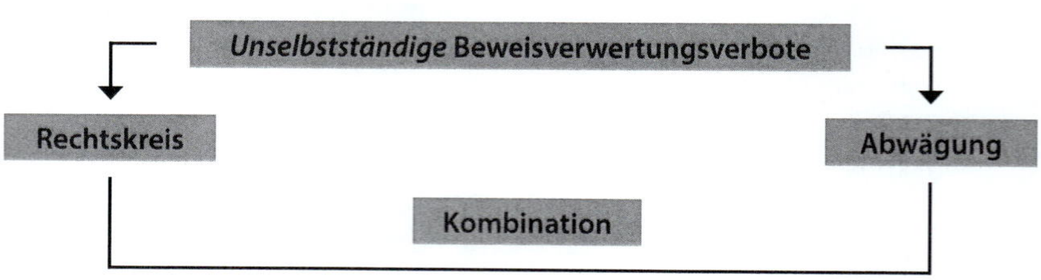

ABWÄGUNGSKRITERIEN	
Funktionstüchtige Strafrechtspflege *Hohes staatliches Aufklärungsinteresse*	*Fehlerhafte Ermächtigungsgrundlage* *Schwerwiegender Eingriff in Beschuldigtenrechte*
Art und Intensität des Tatverdachts *Schwere des Tatvorwurfs*	*Willkürliche/vorsätzliche Umgehung von gesetzlich geregelten Zuständigkeiten*
„Hypothetisch rechtmäßiger Ermittlungsverlauf"	*Willkürliche/vorsätzliche Umgehung von gesetzlich geregelten Befugnissen*
↓	↓
Beweisverwertungsverbot (–)	Beweisverwertungsverbot (+)

KLAUSURHINWEIS

1. Zunächst stellen Sie fest, ob ein **„Beweis*erhebungs*verbot"** verletzt wurde.

2a) Liegt ein **Verstoß gegen ein „Beweis*erhebungs*verbot"** vor, so prüfen Sie, ob für das gewonnene Beweismittel ein ***ausdrückliches* „Beweis*verwertungs*verbot"** besteht.

Ist dies nicht der Fall, müssen Sie in einer Einzelfallprüfung zunächst den Normzweck des verletzten Gesetzes ermitteln (***„Rechtskreis-Theorie"***).

aa) **Besteht der Normzweck im *Schutz grundlegender Verteidigungsrechte des Beschuldigten,*** so sind im Rahmen einer umfassenden Abwägung die „Funktionsfähigkeit des Strafrechtspflege" und die „rechtlich geschützten Interessen des Beschuldigten" gegenüberzustellen (***„Abwägungslehre"***).

bb) **Besteht der Normzweck dagegen lediglich in dem *Schutz Dritter*** (z.B. § 55 StPO, vgl. BGHSt 11, 213) oder handelt es sich bei der verletzten Norm um eine ***bloße Soll- bzw. Ordnungsvorschrift*** (z.B. § 57 StPO, vgl. BGH NStZ 1983, 354), kann der Beschuldigte diese Gesetzesverletzung nicht erfolgreich rügen.

2b) Ergibt Ihre Prüfung, dass **kein Verstoß gegen ein „Beweis*erhebungs*verbot"** vorliegt, so kann sich gleichwohl ein ***„selbstständiges*** **Beweis*verwertungs*verbot"** aus der Verletzung von Grundrechten ergeben. Auch in diesem Fall ist auf der Grundlage der vom BVerfG entwickelten sog. ***„Sphärentheorie"*** (vgl. BVerfGE 34, 238) eine Abwägung zwischen der „Funktionsfähigkeit des Strafrechtspflege" und der „rechtlich geschützten Sphäre des Beschuldigten" vorzunehmen.

B. Klausurrelevante Problemfälle

I. ERSTE VERNEHMUNG (§ 136 I 2 StPO)

FALL 1

1. Grundfall

Der Angeklagte wurde im Ermittlungsverfahren durch den Ermittlungsrichter ordnungsgemäß gem. § 136 I 2 StPO belehrt. Im Rahmen dieser Vernehmung legte der Angeklagte ein Geständnis ab.

Wie kann die Aussage des Angeklagten aus dem Ermittlungsverfahren in die Hauptverhandlung eingeführt werden, wenn er dort nach ordnungsgemäßer Belehrung (§ 243 V 1 StPO) von seinem Schweigerecht Gebrauch macht?

LÖSUNG

1. Verlesung von Vernehmungsprotokollen

Die Aussage des Angeklagten könnte durch ersatzweise **Verlesung des ermittlungsrichterlichen Vernehmungsprotokolls** in die Hauptverhandlung eingeführt und im Urteil verwertet werden.

Die Verlesung von Urkunden und anderen als Beweismitteln dienenden Schriftstücken in der Hauptverhandlung regelt **§ 249, 1 StPO.**

a) „Unmittelbarkeits-Grundsatz" (§ 250, 2 StPO)

Soweit es um die Verlesung von Vernehmungsprotokollen aus dem Ermittlungsverfahren geht, gilt der sog. ***„Unmittelbarkeits-Grundsatz"* (§ 250, 2 StPO).** Dieser bedeutet, dass ein Gericht, das ein Urteil fällt, die **vorgebrachten Beweise *selbst wahrnehmen*** muss **(§ 261 StPO);** grundsätzlich darf es die Beweisaufnahme also nicht anderen Personen überlassen, eine Ausnahme hierzu stellt die sog. „Kommissarische Vernehmung" dar (§§ 223 - 225 StPO).

Der „Unmittelbarkeits-Grundsatz" besagt weiterhin, dass das Gericht die **für die Schuld und Strafe wesentlichen Tatsachen *aus der Quelle selbst* schöpfen** muss. So darf das Gericht z.B. die persönliche Vernehmung der Auskunftsperson nicht durch Verlesung eines Protokolls oder einer schriftlichen Erklärung der Person ersetzen, sofern es sich um den Nachweis von Vorgängen handelt, die diese Person wahrgenommen hat.

b) Ausnahmen zu § 254 StPO

Insofern ist allerdings zu berücksichtigen, dass der Gesetzgeber in den **§§ 251 ff. StPO Ausnahmen** geregelt hat, in denen Protokolle dennoch als Beweismittel verlesen werden dürfen.

Eine Ausnahme zum „Unmittelbarkeits-Grundsatz" ergibt sich aus **§ 254 StPO**. Die Vorschrift regelt eine Form des ***„Urkundenbeweises"*** (vgl. M-G/S § 254 Rn 4). Dabei geht es zum einen um die Verlesung von **„Geständnisprotokollen" (Abs. 1),** zum anderen um die **Klärung von Widersprüchen** in den Aussagen des Angeklagten **(Abs. 2).**

Macht der Angeklagte in der Hauptverhandlung von seinem Schweigerecht gem. § 243 V 1 StPO Gebrauch, ist das **ordnungsgemäß zu Stande gekommene richterliche Vernehmungsprotokoll** des Angeklagten über das damals abgelegte Geständnis mithin als „Urkundenbeweis" gem. § 254 I StPO verlesbar.

Demgegenüber ist die **Verlesung *nichtrichterlicher* Vernehmungsprotokolle aufgrund des eindeutigen Wortlauts des § 254 StPO ausgeschlossen** (vgl. M-G/S § 254 Rn 6).

Nicht verwertbar gem. § 254 StPO ist auch das Geständnis des Angeklagten vor dem Ermittlungsrichter, das er – **im Rahmen einer ordnungsgemäßen Vernehmung *„seinerzeit allerdings als Zeuge"*** – abgelegt hat, da der Angeklagte dann **nicht über seine Rechte *„als Beschuldigter"* gem. § 136 I 2 StPO belehrt** wurde (vgl. M-G/S § 254 Rn 4, str.!).

Wiederum **verwertbar gem. § 254 StPO** ist das richterliche Geständnisprotokoll des Angeklagten im Verfahren ***gegen einen Mitangeklagten***, sofern das Geständnis zwar die dem Angeklagten vorgeworfene Tat betrifft, sich aber **inhaltlich auch auf tatsächliche Vorgänge bezieht, die mit dem Anklagevorwurf gegen den Mitangeklagten in einem inneren Zusammenhang stehen** (vgl. M-G/S § 254 Rn 5)

2. „Ergänzender Urkundenbeweis" (§ 253 StPO)

Demgegenüber ist eine **Verlesung** des Geständnisprotokolls **gem. § 253 StPO unzulässig!** Der sog. ***„Ergänzende Urkundenbeweis"*** ist nur statthaft, wenn es sich **bei dem Zeugen, dessen Gedächtnis unterstützt werden soll, um dieselbe Person handelt, deren Aussage in dem zu verlesenden Protokoll festgestellt wurde** (vgl. M-G/S § 254 Rn 8).

3. „Zeugen vom Hörensagen"

Der „Grundsatz der Unmittelbarkeit" schreibt nicht vor, dass der Nachweis von Tatsachen nur mit solchen Beweismitteln geführt werden darf, die zu den festzustellenden Tatsachen in größtmöglicher Nähe stehen, weil sie eigene Wahrnehmungen zu Täter und Tatgeschehen wiedergeben. Daher verstößt die Vernehmung eines ***„Zeugen vom Hörensagen"*** nicht gegen § 250, 2 StPO, denn er ist ein unmittelbares Beweismittel für Indizien, nämlich für Mitteilungen, die ihm eine andere Person von ihrer eigenen Wahrnehmung über eine Beweistatsache gemacht hat. Ob daher vorliegend zwecks Erlangung der geständigen Aussage des Angeklagten ergänzend die **(nicht-)richterliche Vernehmungsperson aus dem Ermittlungsverfahren** (Polizist, Staatsanwalt, Ermittlungsrichter) vernommen werden kann bzw. muss, ist mithin eine Frage der **Aufklärungspflicht nach § 244 II StPO** (vgl. M-G/S § 254 Rn 1, 8).

4. Formloser Vernehmungsbehelf des *„Vorhalts"*

Schließlich darf das im Ermittlungsverfahren angefertigte Geständnisprotokoll **bei Erinnerungslücken der Vernehmungsperson auch auszugsweise vorgehalten** und **im Rahmen des *„Vorhalts"***, der ein ***formloser Vernehmungsbehelf*** ist, **sogar gänzlich verlesen** werden (vgl. BGHSt 14, 310; 34, 231). In diesem Falle wird allerdings nicht der Inhalt der vorgehaltenen Urkunde Urteilsgrundlage, sondern allein die durch den Vorhalt herbeigeführte Erklärung des Befragten. **Verwertbar ist folglich nur das, was die Vernehmungsperson selbst noch in Erinnerung hat und auf den Vorhalt hin aussagt** (vgl. M-G/S § 254 Rn 8).

FALLENDE

2. Der Beschuldigte

FALL 2

Sachverhalt (vgl. BGH 1 StR 280/07; BeckRS 2007, 12708)

Im Rahmen des Ermittlungsverfahrens war der später vom LG wegen Mordes verurteilte Angeklagte A am 16.03.2004 zunächst als Zeuge vernommen und belehrt worden. Zum Zeitpunkt dieser Vernehmung wurde der Geschädigte bereits über einen Monat vermisst. Der Tod des Geschädigten war den ermittelnden Beamten jedoch noch nicht bekannt. Dies ergab sich insbesondere aus einem polizeilichen Vermerk vom 26.06.2004, wonach auch noch mehr als 3 Monate nach der Zeugenvernehmung des A mangels weiterer Erkenntnisse weder ein Unglücksfall noch eine Straftat ausgeschlossen werden konnte. Erst im August 2004 erlangten die Ermittlungsbehörden Gewissheit über den Tod des Geschädigten.
Mit der Revision rügt A, das LG habe rechtsfehlerhaft seine Zeugenvernehmung vom 16.03.2004 verwertet.

LÖSUNG

Die Verwertung der Aussage des A vom 16.03.2004 wäre rechtsfehlerhaft erfolgt, sofern der bei dieser Vernehmung ***„als Zeuge“*** vernommene A zu diesem Zeitpunkt bereits die Stellung eines ***„Beschuldigten“*** gehabt hätte und er deshalb nicht nach § 163 III 1 i.V.m. § 55 II StPO, sondern nach § 163a IV 2 i.V.m. § 136 I 2 StPO zu belehren gewesen wäre.

VERSTOSS GEGEN DAS „*BEWEISERHEBUNGSVERBOT*“ DES § 163a IV 2 i.V.m. § 136 I 2 StPO?

1. Inhalt und Bedeutung des § 136 I 2 StPO

a) Belehrungspflicht über die *Aussagefreiheit*
Gemäß **§ 136 I 2 StPO** ist der ***Beschuldigte*** in einem Strafverfahren ***„bei Beginn seiner ersten Vernehmung zu belehren“.*** Während **§ 136 StPO** unmittelbar für die Vernehmung durch den ***Ermittlungsrichter*** gilt, sind für die Vernehmung des Beschuldigten durch die ***Polizei* § 163a IV 2 StPO** und für die Vernehmung durch den ***Staatsanwalt* § 163a III 2 StPO** zu beachten. In der ***Hauptverhandlung*** ergibt sich die Belehrungspflicht gegenüber dem Angeklagten aus **§ 243 V 1 StPO**.

Sinn und Zweck des § 136 I 2 StPO ist es, dem Beschuldigten durch die *Belehrung über die Aussagefreiheit* klar vor Augen zu führen, dass es ihm freisteht, Angaben zu machen oder nicht zur Sache auszusagen, obwohl er von einer Amtsperson (Richter, Staatsanwalt oder Polizeibeamter) verantwortlich vernommen wird (vgl. BGHSt 42, 139). Das Aussageverweigerungsrecht ist Ausfluss des rechtsstaatlich garantierten ***„Nemo-tenetur-Grundsatzes“,*** wonach niemand gezwungen werden darf, an seiner eigenen strafrechtlichen Überführung mitzuwirken (vgl. BGHSt 14, 358). Dieser Grundsatz ist zugleich Kernstück des durch **Art. 6 I 1 EMRK** garantierten ***„Rechts auf ein faires Verfahren“*** (vgl. EGMR NJW 2002, 499).

b) Belehrungspflicht über das *Recht der Verteidigerkonsultation*

Zusammen mit der Belehrung über die Aussagefreiheit ist dem Beschuldigten der **Hinweis auf das *„Recht der jederzeitigen Verteidigerkonsultation"*** zu erteilen. Allerdings geht der BGH davon aus, dass das Unterbleiben des nunmehr in **§ 136 I 5 2. HS. StPO** gesetzlich neu geregelten Hinweises auf die Möglichkeit einer Pflichtverteidigerbestellung **nicht zur Annahme eines *„absoluten Beweisverwertungsverbots"* führe** (vgl. BGH 2 StR 163/17; BeckRS 2018, 7658; ebenso: M-G/S § 136 Rn 21). Weder dem Gesetz noch den Gesetzgebungsmaterialien lasse sich entnehmen, dass die Neuregelung das Ziel verfolge, die Verletzung der Belehrungspflicht hinsichtlich ihrer Rechtsfolgen den für Verstöße gegen § 136 I 2 StPO entwickelten Grundsätzen gleichzustellen. ***Im Gegensatz zu § 136 I 5 2. HS. StPO handele es sich bei § 136 I 2 StPO nämlich um eine für die Rechtsstellung des Beschuldigten als Verfahrenssubjekt konstitutive Bestimmung, deren Verletzung in aller Regel zur Annahme eines Beweisverwertungsverbots führen müsse.*** Dies gelte selbst dann, wenn davon auszugehen sei, dass die neue Regelung des § 136 I 5 2. HS. StPO der Sache nach eine Erweiterung der Pflicht zur Belehrung über die Verteidigerkonsultation nach § 136 I 2 StPO darstelle. Hieraus folge aber nicht, dass auch hinsichtlich der Rechtsfolgen an diese Regelung anzuknüpfen sei.

Selbst die Annahme eines relativen, im Rahmen einer einzelfallbezogenen Abwägung festzustellenden Verwertungsverbots komme jedenfalls dann nicht in Betracht, wenn das staatliche Verfolgungs- und Aufklärungsinteresse – wie bei einem Tötungsdelikt - besonders hoch sei und die Belehrung auch nicht bewusst oder willkürlich, sondern aus Unkenntnis des Vernehmungsbeamten über die Neuregelung des § 136 I 5 2. HS. StPO unterblieben sei.

Nach Ansicht des BGH (vgl. BGH 5 StR 167/19) sei es allerdings rechtsfehlerhaft, wenn ein Polizeibeamter nach einem vergeblichen Versuch, den Rechtsanwalt des Beschuldigten zu erreichen, die Vernehmung fortsetze, ohne den Beschuldigten erneut über sein Recht auf Zuziehung eines Verteidigers zu belehren.

Bringe der Beschuldigte zum Ausdruck, sich mit einem Verteidiger besprechen zu wollen, könne die Vernehmung nach der Rechtsprechung des Bundesgerichtshofs ***ohne vorangegangene Konsultation nur fortgesetzt werden, wenn sich der Beschuldigte nach erneutem Hinweis auf sein Recht auf Zuziehung eines Verteidigers mit der Fortsetzung der Vernehmung einverstanden erklärt habe*** (vgl. BGHSt 42, 15; 58, 301; BGH NStZ 2013, 299; M-G/S § 136 Rn 10a). ***Zweck der wiederholten Belehrung sei nämlich, dem Beschuldigten vor Augen zu führen, dass er sein Recht auf Verteidigerkonsultation nicht durch den fehlgeschlagenen Kontaktversuch verwirkt habe.***

Aus diesem Rechtsverstoß folgt nach der Rechtsprechung des Bundesgerichtshofs auch ein ***Beweisverwertungsverbot*** (vgl. BGHSt 38, 219; 372, 42, 15).

2. Unterscheidung zwischen *„Beschuldigtem"* und *„Zeugen"*

Aufgrund des sog. ***„Rollenkumulierungsverbots im Strafprozess"*** kommt der Frage, ob eine Person im Zeitpunkt ihrer Vernehmung ***„als Beschuldigter"*** oder ***„als Zeuge"*** zu behandeln ist, eine entscheidende Bedeutung zu. Diese Frage ist deshalb von großer Relevanz, weil in **§ 157 StPO** zwar die Begriffe *„Beschuldigter"*,

„Angeschuldigter" und *„Angeklagter"* voneinander abgrenzt werden, dabei aber offengelassen wird, ***wann*** die ***„Beschuldigteneigenschaft"*** beginnt – schließlich gibt es in der StPO auch die Rolle des ***„verdächtigen Zeugen"*** (vgl. §§ 55 I, 60 Nr. 2 StPO).

Überdies bestehen gegenüber beiden Verfahrensbeteiligten unterschiedliche Anforderungen an die Belehrungspflicht. Während ein **Beschuldigter** im Ermittlungsverfahren gem. **§ 163 a III 2 / IV 2 i.V.m. § 136 I 2 StPO** über sein ***„umfassendes Aussageverweigerungsrecht"*** sowie das ***„Recht zur Verteidigerkonsultation"*** zu belehren ist, wird dem **Zeugen** ein ***„Auskunftsverweigerungsrecht"*** **(§ 163 III 1 i.V.m. § 55 II StPO) nur ausnahmsweise** zugestanden, wobei es zudem **thematisch beschränkt** ist, nämlich auf diejenigen Angaben, bei denen dem Zeugen **tatsächlich die Gefahr der Strafverfolgung droht.** Die Gefahr der Strafverfolgung setzt voraus, dass der Zeuge Tatsachen bekunden müsste, die - nach der Beurteilung durch das Gericht - aufgrund konkreter Umstände objektiv geeignet sind, den **„Anfangsverdacht"** einer von ihm selbst oder von einem Angehörigen begangenen Straftat zu begründen oder einen bereits bestehenden Verdacht zu bestärken (vgl. BGH NJW 1994, 2839). Dazu genügt es, wenn der Zeuge über eine Frage Auskunft geben müsste, die den Verdacht gegen ihn mittelbar begründet, sei es auch nur ***„als Teilstück in einem mosaikartig zusammengesetzten Beweisgebäude"*** (sog. ***„Mosaiktheorie"***, vgl. BGH StV 1987, 328).

a) *„Formeller Beschuldigten-Begriff"*

Der dem § 136 I StPO zugrundeliegende sog. ***„formelle Beschuldigten-Begriff"*** vereint subjektive und objektive Elemente. Danach setzt die Beschuldigteneigenschaft – subjektiv – den Verfolgungswillen der Strafverfolgungsbehörde voraus, der sich – objektiv – in einem finalen staatlichen Verfolgungsakt, dem sog. **„Inkulpationsakt" (vgl. § 397 I AO),** manifestieren muss (vgl. BGHSt 38, 214).
Wird gegen eine Person förmlich ein Ermittlungsverfahren eingeleitet, liegt darin stets ein solcher Willensakt (vgl. Beck-OK § 136 Rn 4). Aber auch ohne förmliche Verfahrenseröffnung gegen die Person ist die konkludente Zuweisung der Rolle als Beschuldigter möglich. So ist für den Fall der von einem Polizeibeamten durchgeführten Befragung einer Auskunftsperson u.a. die Stärke des Tatverdachts, den der Beamte gegenüber dem Befragten hegt, für die Entscheidung bedeutsam, ab welchem Zeitpunkt die Belehrung nach § 163a IV 2 i.V.m. § 136 I 2 StPO zu erfolgen hat. Dabei steht dem Beamten ein **Beurteilungsspielraum** zu, den er jedoch nicht mit dem Ziel missbrauchen darf, den Zeitpunkt der erforderlichen Belehrung möglichst weit hinauszuschieben.

b) Abgrenzungskriterien

Neben der Stärke des Tatverdachts kann sich der Verfolgungswille aus dem Ziel, der Gestaltung und den Begleitumständen der Befragung bzw. Vernehmung ergeben und daraus, wie sich das Verhalten des ermittelnden Beamten nach außen, insbesondere in der Wahrnehmung des davon Betroffenen, darstellt.
So lassen strafprozessuale Eingriffsmaßnahmen, die, wie die körperliche Untersuchung (§ 81a StPO), der Erlass eines Haftbefehls (§ 112 I StPO) oder die „Vorläufige Festnahme" (§ 127 II StPO) ausschließlich gegen einen Beschuldigten zulässig sind,

stets diesen Verfolgungswillen erkennen. Das gleiche gilt regelmäßig für solche Maßnahmen, die wie z.B. eine Durchsuchung gemäß § 102 StPO, für den Adressaten der Maßnahme einen Tatverdacht voraussetzen (vgl. BGH StV 2007, 2707). **Man kann also sagen, dass ab einem bestimmten Verdachtsgrad das Erfordernis des staatlichen Willensaktes praktisch aufgegeben wird.**
Anderseits kann der Umstand, dass die Strafverfolgungsbehörde – zumal bei Tötungsdelikten – erst bei einem konkreten und ernsthaften Tatverdacht zur Vernehmung des „Verdächtigen" als „Beschuldigter" verpflichtet ist, für den Betroffenen auch eine schützende Funktion haben. Denn der Vernommene wird hierdurch nicht vorschnell mit einem Ermittlungsverfahren überzogen, das für ihn mitunter gravierende nachteilige gesellschaftliche Konsequenzen haben kann.

Der insoweit maßgebliche Verdachtsgrad kann dahin präzisiert werden, dass er zwar ***nicht erst dann erreicht*** ist, ***wenn das überprüfende Gericht aus der Ex-ante-Sicht des Vernehmenden einen dringenden Verdacht nach § 112 I StPO für gegeben hält,*** dass ***aber auch nicht schon jeder gegen den Vernommenen bestehende Anfangsverdacht im Sinne des § 152 II StPO die Pflicht zu seiner Belehrung gemäß § 136 I 2 StPO nach sich zieht***. Denn ***Beschuldigter ist grundsätzlich nur der Tatverdächtige, gegen den das Ermittlungsverfahren auch geführt wird*** (vgl. BGH 1 StR 83/94). Dass ***im Ermittlungsverfahren die Belehrungspflicht auch verfahrensbezogen zu bestimmen*** ist, steht im Einklang mit der Rechtslage im Zwischen- und Hauptverfahren. ***Ordnet etwa das Gericht in diesen Verfahrensstadien die Vernehmung eines nicht angeklagten mutmaßlichen Tatbeteiligten an*** (s. §§ 202; 223 ff. StPO), ***hat er – unabhängig von der Stärke des Tatverdachts – die Stellung eines Zeugen.*** Eine rechtsmissbräuchliche Umgehung von Beschuldigtenrechten kommt insoweit strukturbedingt nicht in Betracht (vgl. BGH NStZ 2019, 539).

Wie der BGH anlässlich der vorliegenden Entscheidung ausführt, **komme es im Rahmen der gebotenen sorgfältigen Abwägung aller Umstände des Einzelfalls daher entscheidend darauf an, inwieweit der Tatverdacht auf hinreichend gesicherten Erkenntnissen hinsichtlich Tat und Täter oder lediglich auf kriminalistischer Erfahrung beruhe. Nur falls der Tatverdacht bereits so stark sei, dass die Strafverfolgungsbehörde willkürlich die Grenzen ihres Beurteilungsspielraums überschreiten würde, sei es verfahrensfehlerhaft, wenn der *„Beschuldigte"* im Wege einer rechtswidrigen Rollenmanipulation weiterhin als *„verdächtiger Zeuge"* behandelt, nicht zur „Beschuldigtenvernehmung" übergegangen (vgl. BGH NStZ-RR 2004, 368) und auf diese Weise die Beschuldigtenrechte umgangen würden** (vgl. BGH 1 StR 186/17; BeckRS 2017, 133377).

Zum Zeitpunkt der Vernehmung am 16.03.2004 war der Geschädigte zwar bereits vor über einem Monat als vermisst gemeldet worden, sein Tod war den ermittelnden Beamten jedoch noch nicht bekannt. Vielmehr konnte, wie sich aus dem polizeilichen Vermerk vom 26.06.2004 ergibt, auch noch mehr als 3 Monate nach der Vernehmung des A weder ein Unglücksfall noch eine Straftat ausgeschlossen werden. Letztlich bestand zum Vernehmungszeitpunkt am 16.03.2004 sogar die Möglichkeit, dass der Geschädigte noch leben konnte und lediglich unbekannten Aufenthalts war.

Bis zu diesem Zeitpunkt erweise sich das Vorgehen der Ermittlungsbehörden als verfahrensfehlerfrei, sodass hinsichtlich der bis dahin gemachten Angaben – mangels Verstoßes gegen ein Beweiserhebungsverbot – kein Beweisverwertungsverbot habe entstehen können.

Unter Berücksichtigung der vorstehend genannten Kriterien war es revisionsrechtlich folglich nicht zu beanstanden, dass bei der Vernehmung am 16.03.2004 noch keine „*Beschuldigtenbelehrung*" des zu diesem Zeitpunkt lediglich - tatverdächtigen - „*Zeugen*" A erfolgt ist. Mithin durften die Angaben des A aus der Zeugenvernehmung vom 16.03.2004 bei der Entscheidung des LG berücksichtigt und verwertet werden.

FALLENDE

FALL 3

Sachverhalt (vgl. BGH 1 StR 3/07; BeckRS 2007, 11935)

Ehefrau und Kind des Angeklagten A waren seit Anfang April 2002 spurlos verschwunden und hatten auch keinen Kontakt zu Angehörigen oder Freunden aufgenommen. Suchaktionen waren erfolglos geblieben. Allerdings meldeten sich immer wieder Personen bei der Polizei, welche die Vermissten nach ihrem Verschwinden gesehen haben wollten.
Nach den Feststellungen des LG hatte der später wegen Totschlags zum Nachteil seiner Ehefrau und seines Kindes verurteilte A nach den Taten die Leichen in einem Waldstück versteckt, wo sie erst Jahre später gefunden wurden. Kurz nach der Tat gab A gegenüber der Polizei eine Vermisstenanzeige auf und wurde am 26.09.2002 polizeilich als Zeuge vernommen. Dabei wurde er darauf hingewiesen, dass er „bei der Polizei überhaupt nichts sagen" und jedenfalls „keine Angaben machen zu brauche, die ihn belasten könnten". Die lediglich von kurzen Pausen unterbrochene, erkennbar auf Schwachstellen der Aussage des A abzielende und zuletzt eindringlich auf ein Geständnis pochende Zeugenvernehmung dauerte nahezu 10 Stunden. Bereits zu Beginn der Vernehmung hatte der Vernehmungsbeamte seine Überzeugung geäußert, dass die Vermissten tot seien. Im weiteren Verlauf der Vernehmung konfrontierte er den späteren Angeklagten mit Widersprüchlichkeiten in seiner Aussage und wies ihn daraufhin, dass - wenn er bei seiner Aussage bleibe - er sich nur „noch verdächtiger" mache.

Im Rahmen einer erneuten Zeugenvernehmung des A am 13.11.2002 machte dieser umfassende Angaben zur Sache. Mit Einverständnis des A erfolgte schließlich auch eine Suchaktion mit Leichenspürhunden auf dessen Grundstück und in dessen Wohnhaus, die jedoch ergebnislos blieb.
Nach weiteren Ermittlungen wurde A schließlich am 21.03.2003 erstmals als Beschuldigter vernommen. Nach ordnungsgemäßer Belehrung gem. § 163 a IV 2 i.V.m. § 136 I 2 StPO machte er ergänzende Angaben, ohne seine früheren Angaben zu bestätigen. Über die Unverwertbarkeit seiner früheren Aussagen wurde A nicht belehrt.
Mit der Revision machte A geltend, dass er bei seinen „Zeugenaussagen" am 26.09.2002 und am 13.11.2002 aus Sicht der Vernehmungsbeamten „längst" Beschuldigter gewesen sei. Die Vernehmungsbeamten hätten ihn bereits zu diesem Zeitpunkt „als Beschuldigten" vernehmen und demzufolge nach § 163a IV 2 i.V.m.

§ 136 I 2 StPO belehren müssen. Daher hätten diese Aussagen dem Urteil des LG nicht zugrunde gelegt werden dürfen.

LÖSUNG

Die Verwertung der Aussagen des A vom 26.09.2002 und vom 13.11.2002 könnte auf Grund der unterbliebenen Beschuldigtenbelehrung wegen Verstoßes gegen § 163a IV 2 i.V.m. § 136 I 2 StPO rechtsfehlerhaft gewesen sein.

I. VERSTOSS GEGEN DAS „*BEWEISERHEBUNGSVERBOT*" DES § 163a IV 2 i.V.m. § 136 I 2 StPO?

Nach Ansicht des BGH sei zwar nicht zu beanstanden, dass Staatsanwaltschaft und Polizei die Verdachtslage dahingehend beurteilten, dass noch keine zureichenden tatsächlichen Anhaltspunkte i.S.d. § 152 II StPO für einen Tatverdacht auf ein Tötungsdelikt des A vorgelegen hätten.

Für die Beurteilung, ob es sich nicht dennoch um eine „*Beschuldigtenvernehmung*" handele, sei neben der Stärke des Tatverdachts aber auch von Bedeutung, wie sich das Verhalten der Beamten nach außen – auch in der Wahrnehmung des Vernommenen – darstelle.
So hätten die Ermittlungsbeamten bei den Vernehmungen am 26.09.2002 und am 13.11.2002 sowie bei der sich anschließenden Nachschau auf dem Grundstück und im Wohnhaus des A ein Verhalten gezeigt, aus welchem sich für den Angeklagten ergeben musste, dass sie ihn „*als Beschuldigten*" betrachteten. Die - aus der Sicht des Beschuldigten zu beurteilende - Gesamtschau aller relevanten Umstände zeige, dass die beiden Vernehmungen vornehmlich dazu gedient hätten, den A, von dessen mutmaßlicher Täterschaft sich der Vernehmungsbeamte bereits zu Beginn der Vernehmung am 26.09.2002 überzeugt gezeigt habe, zu überführen. Dafür spreche neben der Dauer der Vernehmung die darin erkennbare Tendenz, auf ein Geständnis des A hinzuwirken. Außerdem hätten die Fragen und Vorhalte erkennbar dazu gedient, Widersprüche in seinen Aussagen aufzudecken und neue Ermittlungsansätze zu gewinnen. In diesem Zusammenhang könne auch die Durchsuchung des Anwesens des A, mit der sich dieser einverstanden erklärt hatte, nur als Ausdruck dieses Verfolgungswillens verstanden werden.

Da mithin die gesamte Gestaltung der Vernehmungen am 26.09.2002 und am 13.11.2002 erkennen ließen, dass die Vernehmungsbeamten mittels kriminalistischer Taktik einen Tatnachweis ermöglichen oder einen gegebenenfalls erst später möglichen Tatnachweis erleichtern wollten, habe A bereits mit der Vernehmung am 26.09.2002 den Status eines „*Beschuldigten*" erlangt.

Die unterlassene Beschuldigtenbelehrung könne auch nicht dadurch ersetzt werden, dass A in der Vernehmung am 26.09.2003 *als Zeuge über sein Zeugnisverweigerungsrecht* gem. § 163 III 1 i.V.m. § 55 II StPO belehrt worden sei. Insbesondere fehle in diesem Fall regelmäßig die – spezifisch für den Beschuldigten vorgesehene – Belehrung über die Verteidigerkonsultation, deren Unterbleiben bereits zu einem Verwertungsverbot führe (vgl. BGHSt 47, 172). Folglich hätte A bereits am 26.09.2002 *als Beschuldigter* vernommen und belehrt werden müssen. Da dies nicht erfolgt sei, liege ein Verstoß gegen das Beweiserhebungsverbot des § 163a IV 2 i.V.m. § 136 I 2 StPO vor.

II. RECHTSFOLGE: *„BEWEISVERWERTUNGSVERBOT"*?

1. *„Widerspruchslösung"*

Eine Verletzung der Belehrungspflicht nach § 163a IV 2 i.V.m. § 136 I 2 StPO führe nach der sog. ***„Widerspruchslösung"*** aber nur dann zur Unverwertbarkeit der Aussage, wenn einer Verwertung rechtzeitig widersprochen wurde, was vorliegend durch den Verteidiger des Angeklagten allerdings auch geschehen sei.

Wie der ***5. Senat des BGH*** ausführt (vgl. BGH JA 2018, 711) würden Beweisverwertungsverbote, die aus einem Verstoß gegen Verfahrensvorschriften bei der Beweisgewinnung abgeleitet werden, durch den jeweiligen Gesetzesverstoß begründet und seien in jeder Lage des Verfahrens von Amts wegen zu beachten (vgl. BGH NJW 2017, 1828). ***Unterlasse es der verteidigte Angeklagte, in der Hauptverhandlung der Beweisverwertung zu widersprechen, führe dies für die Revision zur Rügepräklusion*** (vgl. BGHSt 60, 38). ***Das Recht, sich auf das Verwertungsverbot zu berufen, gehe verloren, wenn der verteidigte (oder entsprechend belehrte) Angeklagte in der tatrichterlichen Verhandlung der Verwertung und der ihr vorangehenden Beweiserhebung nicht widersprochen habe*** (vgl. BGHSt 38, 214).

Sinn und Zweck der „Widerspruchsobliegenheit" sei es, auf den Einwand des Betroffenen hin dem Tatgericht in der Hauptverhandlung die Möglichkeit und Veranlassung zu geben, dem gerügten Verfahrensfehler freibeweislich im Einzelnen nachzugehen (vgl. BGHSt 52, 38). ***Dem verteidigten Angeklagten (und den sonst von einem Beweisverwertungsverbot Betroffenen) werde im Interesse der Schonung von Justizressourcen – orientiert am Subsidiaritätsgedanken – die frühestmögliche zumutbare Geltendmachung einer Rechtsverletzung abverlangt, um in der Hauptverhandlung vor dem Tatgericht die Frage des Verwertungsverbots eingehend prüfen und gegebenenfalls Abhilfe schaffen zu können*** (vgl. ausführlich dazu Basdorf, StV 2010, 414). Dementsprechend folge die Begründung des Widerspruchserfordernisses nicht aus der Dispositionsbefugnis des Angeklagten, sondern aus dem Gedanken subsidiären Rechtsschutzes. ***Eine Differenzierung des Widerspruchserfordernisses innerhalb unselbständiger Beweisverwertungsverbote überzeuge deshalb nicht*** (vgl. Basdorf, NStZ 2017, 370).

Der ***2. Senat des BGH*** (vgl. BGH 2 StR 46/15) hatte die Ansicht vertreten, dass ***die Notwendigkeit eines Widerspruchs darauf basiere, dass bestimmte Rechte von der Geltendmachung des Betroffenen abhängen und damit seiner Disposition unterliegen*** (er müsse z.B. selbst wissen, ob er von seinem Aussageverweigerungsrecht oder Verteidigerkonsultationsrecht Gebrauch machen wolle). Deshalb müsse der verteidigte Angeklagte Verletzungen dieser Rechte bis zu dem in § 257 StPO genannten Zeitpunkt (also spätestens bis zur Vernehmung des Angeklagten in der Hauptverhandlung) geltend machen.

Dagegen ist der 2. Senat ***für Verfahrensverstöße im Rahmen der Durchsuchung, insbesondere bei Verletzung des Richtervorbehalts nach § 105 StPO, davon ausgegangen, dass diese Norm gerade nicht der Disposition des Betroffenen unterliege, weil die Einhaltung der Durchsuchungsvoraussetzungen von Amts wegen zu berücksichtigen sei. Daher sei ein Widerspruch des verteidigten Angeklagten in der Hauptverhandlung gegen die Verwertung von Beweisen, die im Rahmen einer fehlerhaft durchgeführten Durchsuchung sichergestellt werden, nicht erforderlich.***

Der Beschluss des ***5. Senats des BGH stellt nunmehr klar, dass entgegen der vom 2. Senat vertretenen Auffassung das Widerspruchserfordernis nicht nur bei Verstößen gegen Verfahrensnormen anzunehmen sei, die der Disposition des Angeklagten unterliegen, sondern auch bei der Verletzung nicht-disponibler Verfahrensrechte***.

Versucht man, die Entscheidungen des 5. und des 2. Senats des BGH miteinander in Einklang zu bringen, so könnte man zusammenfassend festhalten, dass ***nunmehr für Beweisverwertungsverbote aufgrund fehlerhafter Durchsuchungen und Beschlagnahmen zwar ein Widerspruch gegen die Verwertung in der Hauptverhandlung erforderlich und im Rahmen der Revision nach Maßgabe des § 344 II 2 StPO auch zu erheben sei, die zeitliche Grenze des § 257 StPO jedoch nicht gelten solle.***
Die Kritik von Basdorf (aaO), dass in der vorliegenden Streitfrage eigentlich aber der Große Senat für Strafsachen hätte angerufen werden müssen, bleibt dennoch berechtigt. (vgl. Urteilsanmerkung von RA Börner in NStZ 2018, 737).

In einer weiteren Entscheidung stellt der BGH (vgl. StB 14/19) klar, dass ***auf die Prüfung der Verwertbarkeit von Beweisen im Ermittlungsverfahren die „Widerspruchslösung" keine Anwendung finde. In diesem Verfahrensstadium seien Beweisverwertungsverbote*** – ebenso wie im Zwischenverfahren – ***unabhängig von einer Beanstandung durch den Beschuldigten amtswegig zu beachten.***
Auf einen möglichen Widerspruch von Verteidigerseite komme es zu diesem Zeitpunkt nicht an, weil die ***„Widerspruchslösung"*** ein ***prozessuales Versäumnis des Verteidigers in der Hauptverhandlung betreffe, die*** (im Ermittlungsverfahren) ***noch gar nicht stattgefunden habe und der Verwertung eines Beweises vor der Hauptverhandlung ohnehin nicht widersprochen werden könne.***

2. Heilung durch *„Qualifizierte Belehrung"*
Abschließend stellt der BGH klar, dass auch durch die am 21.03.2003 erfolgte Vernehmung und Belehrung des A gem. § 163a IV 2 i.V.m. § 136 I 2 StPO keine Heilung der zuvor unterbliebenen „Beschuldigtenbelehrung eingetreten sei. Der Angeklagte habe am 21.03.2003 seine vorherigen Angaben nämlich nicht bestätigt, sondern nur ergänzt. Eine Heilung wäre nur dann möglich gewesen, wenn A seine ursprünglichen Angaben nach sog. ***„qualifizierter Belehrung"***, d.h. unter ausdrücklichem Hinweis auf die Nichtverwertbarkeit der Aussagen vom 26.09.2002 und vom 13.11.2002, bestätigt hätte.

FALLENDE

Nach alledem müsse die unterbliebene Belehrung mithin zu einem Beweisverwertungsverbot der beiden Aussagen des A vom 26.09.2002 und vom 13.11.2002 führen, so dass diese dem Urteil des LG nicht hätten zugrunde gelegt werden dürfen.

3. Die Vernehmung

a) *„Spontanäußerungen"*

FALL 4

Sachverhalt (vgl. BGH 3 StR 435/12; BeckRS 2013, 12716)

Ausweislich des Vernehmungsprotokolls hatte der Angeklagte A bei seiner ermittlungsrichterlichen Vernehmung wegen des Verdachts des versuchten Totschlags nach ordnungsgemäßer Belehrung gem. § 136 I 2 StPO um 13.35 Uhr von seinem Schweigerecht Gebrauch gemacht und erklärt, dass er das Eintreffen seines Verteidigers abwarten wolle. Die Ermittlungsrichterin R unterbrach deshalb die Vernehmung und versuchte den Verteidiger telefonisch zu erreichen. Dort meldete sich ein Anrufbeantworter mit der Ansage, dass das Büro während der Mittagspause von 13.00 bis 15.00 Uhr nicht besetzt sei. Daraufhin teilte die Ermittlungsrichterin dem A mit, dass sie seinen Verteidiger nicht habe erreichen können. A erklärte nunmehr, dass er sich nach wie vor zur Sache nicht äußern wolle, machte anschließend gleichwohl spontan aber Angaben zu einem Nebenaspekt des Tatgeschehens. Diese nahm die Ermittlungsrichterin R zum Anlass für einige sachaufklärende Nachfragen, die A auch beantwortete, wobei er sich selbst belastete.
Im Verfahren vor dem LG waren diese Äußerungen trotz Widerspruchs des Verteidigers im Wege der Vernehmung der Ermittlungsrichterin R in die Hauptverhandlung eingeführt und im Urteil gegen den Angeklagten verwertet worden. Dies rügte der Angeklagte in der Revision als Verstoß gegen § 136 I 2 StPO.

LÖSUNG

Die Verwertung der Aussage des A – trotz Widerspruchs seines Verteidigers – durch Vernehmung der Ermittlungsrichterin R in der Hauptverhandlung könnte auf Grund der unterbliebenen Beschuldigtenbelehrung wegen Verstoßes gegen § 136 I 2 StPO rechtsfehlerhaft gewesen sein.

I. VERSTOSS GEGEN DAS *„BEWEISERHEBUNGSVERBOT"* DES § 136 I 2 StPO?

1. *„Formeller Vernehmungs-Begriff"*

Nach dem vom BGH vertretenen ***„formellen Vernehmungsbegriff"*** liegt eine Beschuldigtenvernehmung vor, wenn die Vernehmungsperson dem Beschuldigten in amtlicher Funktion gegenübertritt (z.B. als Ermittlungsrichter, Staatsanwalt oder Polizeibeamter) und in dieser Eigenschaft von ihr Auskunft, d.h. eine ***„Aussage"*** verlangt (vgl. BGHSt 42, 139). Damit, so der BGH, trage der „formelle Vernehmungsbegriff" der überkommenen Bedeutung dieses Begriffs in der Rechtssprache Rechnung, was auch von einer Reihe von Vorschriften in der StPO, z.B. §§ 136 I, 52 III, 168 c II bestätigt werde.

2. Ausnahme: *„Spontanäußerungen"*

Nicht geschützt werden im Grundsatz daher Äußerungen des Befragten ***vor Begründung der Beschuldigteneigenschaft*** und ***außerhalb von Vernehmungen*** (vgl. BGHSt 34, 365). Zu denken ist z.B. an sog. ***„Spontanäußerungen"*** sowie an ***Äußerungen während sog. „Informatorischer Befragungen"***.

Nach Ansicht des BGH verletzte das Vorgehen der Ermittlungsrichterin den A seinen Rechten gem. § 136 I 2 StPO, sich nicht zur Sache äußern zu müssen und bereits vor der Vernehmung einen Verteidiger befragen zu können. Denn der „Grundsatz der Selbstbelastungsfreiheit" gebiete es, im Rahmen der Vernehmung eines Beschuldigten, der von seinem Schweigerecht Gebrauch gemacht hat, auch dessen ***„Spontanäußerungen"* – zumal zum Randgeschehen – nicht zum Anlass für sachaufklärende Nachfragen zu nehmen** (vgl. BGHSt 58, 301; M-G/S § 136 Rn 10a). Unter „Spontanäußerungen" versteht man **belastende Erklärungen einer Person gegenüber den Strafverfolgungsbehörden, die diese von sich aus außerhalb einer Vernehmung *„ungefragt"*, *„spontan"* und *„aus freien Stücken"* abgibt** (vgl. BGHSt 34, 365).

Entscheide sich der Beschuldigte für sein Schweigerecht, so müsse dies von den Behörden respektiert werden. Falls er erkläre, sich erst mit einem Verteidiger beraten zu wollen, sei diesem Wunsch nachzukommen; die beabsichtigte Vernehmung müsse so lange aufgeschoben bzw. eine begonnene Vernehmung unterbrochen werden (vgl. BGHSt 38, 372; M-G/S § 136 Rn 10a). Der Beschuldigte dürfe auch in der Zwischenzeit nicht zu einer Aussage gedrängt oder überredet werden (vgl. BGH NJW 2006, 1008).

Eine **Vernehmung bzw. ihre Fortsetzung ohne Verteidiger** sei daher nur zulässig, wenn der Beschuldigte mit dieser Verfahrensweise **nach erneuter Belehrung über sein Recht zur Verteidigerkonsultation einverstanden** sei und wenn **ernsthafte Bemühungen vorausgegangen** seien, **dem Beschuldigten bei der Herstellung des Kontakts zu einem Verteidiger zu helfen** (vgl. BGHSt 58, 301).
Sein Einverständnis könne der Beschuldigte grundsätzlich auch konkludent dadurch erklären, dass er sich nunmehr freiwillig und spontan zur Sache äußere. **Diene die Ermöglichung der Beratung durch einen Verteidiger allerdings gerade dazu, eine sachgerechte Entscheidung des Beschuldigten über den Umgang mit seinem Schweigerecht zu erreichen, seien** angesichts der hohen Bedeutung des Schweigerechts und des Rechts auf Verteidigerkonsultation, die andernfalls entwertet würden, **an das Vorliegen einer – noch dazu konkludent erklärten - Zustimmung zur Fortsetzung der Vernehmung aber hohe Anforderungen zu stellen**, die hier nicht vorgelegen hätten.

Vorliegend sei, so der BGH, zwar zunächst eine spontane Äußerung des Angeklagten erfolgt, deren Entgegennahme durch die Ermittlungsrichterin R revisionsrechtlich nicht zu beanstanden gewesen sei. Da diese Äußerung aber nicht das eigentliche Tatgeschehen, sondern nur einen Nebenaspekt betroffen habe, sei sie angesichts dessen, dass der Angeklagte sich kurz zuvor ausdrücklich auf sein Schweigerecht berufen hatte, nicht als Zustimmung zur Fortsetzung der Vernehmung ohne anwaltlichen Beistand zu werten. Daher habe die Spontanäußerung des A von der Ermittlungsrichterin auch nicht zum Anlass genommen werden dürfen, gezielte Nachfragen zum eigentlichen Tatgeschehen zu stellen. Dadurch würde der Sache nach die Vernehmung des A entgegen seiner ausdrücklichen Berufung auf sein Schweigerecht fortgesetzt. Schon auf Grund ihrer Fürsorgepflicht wäre die Ermittlungsrichterin R verpflichtet gewesen, zuvor durch ausdrückliche Nachfrage zu klären, ob der Angeklagte tatsächlich bereit sei, Angaben zur Sache zu machen. Da dies nicht erfolgt sei, liege ein Verstoß gegen das Beweiserhebungsverbot des § 136 I 2 StPO vor.

II. RECHTSFOLGE: „*BEWEISVERWERTUNGSVERBOT*"?

Angesichts der Bedeutung des Schweigerechts für die verfahrensrechtliche Stellung des Angeklagten habe dieser schwerwiegende Verstoß gegen § 136 I 2 StPO im Urteil des LG zwingend auch zu einem Verwertungsverbot der Angaben des A vor der Ermittlungsrichterin führen müssen.

Gleiches wird im Übrigen angenommen, falls der Beschuldigte seine Angaben unter dem Eindruck des Vorhalts von unzulässig erlangten Erkenntnissen gemacht hat, etwa solchen aus einer rechtswidrigen Telekommunikationsüberwachung; auch in derartigen Fällen sei der Beschuldigte – ***selbst wenn er gemäß § 136 I 2 StPO belehrt worden sei*** – nicht mehr frei in seiner Entschließung, ob und wie er sich zu einzelnen Punkten einlassen solle, die ihm aufgrund der unzulässig erlangten Beweismittel vorgehalten werden (vgl. BGHSt 27, 355; 32, 68; BGH NStZ 2019, 227).

Sofern anderseits, so der BGH (vgl. BGH NStZ-RR 2019, 315) der beim späteren Angeklagten - ***während einer Pause in seiner Vernehmung zu diesem Zeitpunkt noch als Zeuge*** - verbliebene Polizeibeamte ***keine gezielte Befragung durchgeführt, sondern lediglich passiv eine Spontanäußerung entgegengenommen*** habe, seien die ***Verwertbarkeit dieser Äußerung und deren Vorhalt bei der späteren Beschuldigtenvernehmung auch dann rechtlich unbedenklich, wenn der Angeklagte schon zuvor als Beschuldigter hätte belehrt werden müssen*** (vgl. a. BGHSt 58, 301; BGH NStZ 1990, 48; BGH NStZ 2009, 702)

FALLENDE

FALL 5

Sachverhalt (vgl. BGH 1 StR 277/17; BeckRS 2018, 9490)

Die einer gemeinsam mit ihrer Tochter T begangenen vorsätzlichen Brandstiftung beschuldigte A wurde noch im Bereich des Brandobjektes durch den Polizeibeamten KHK R über ihre Rechte gem. § 163a IV 2 i.V.m. § 136 I 2 StPO belehrt. Sie äußerte daraufhin, zur Sache nicht aussagen zu wollen.
Im Anschluss daran wurde A – getrennt von ihrer Tochter T – in einem Polizeifahrzeug ins Krankenhaus verbracht, um mögliche gesundheitliche Folgen der Raucheinwirkung abklären zu lassen. Begleitet wurde A von der Kriminalbeamtin KHM K. Im Krankenhaus wartete KHM K mit der Beschuldigten A auf den zuständigen Arzt, wobei K die Befragung der A zum Tatgeschehen in Kenntnis dessen fortführte, dass sich A – vor einem Gespräch mit einem Rechtsanwalt – nicht zur Sache äußern wollte. Als der Arzt eintraf, ging KHM K zusammen mit der Beschuldigten A in das

Behandlungszimmer. Als A sich zur Untersuchung durch den Arzt teilweise entkleidete, fragte K, ob sie hinausgehen solle, erhielt jedoch weder vom Arzt noch von der A irgendeine Antwort, worauf sie im Raum verblieb. Die Beschuldigte A gab auf Befragen des Arztes zur Brandentstehung und -entwicklung an, sie habe 10 Tabletten eines Psychopharmakons genommen. Sie und ihre Tochter T hätten „Benzin ausgeschüttet und das ausgeschüttete Benzin angezündet, überall im Erdgeschoss", davor hätten beide „Tabletten genommen".
Danach verließ die Zeugin KHM K kurz den Untersuchungsraum, um sich bei ihrem Kollegen KHK R zu vergewissern, ob die Angeklagte A bereits belehrt worden sei, und ging dann – nach Bejahung der Frage – in den Untersuchungsraum zurück, wo sie bis zum Ende der ärztlichen Untersuchung verblieb.
Trotz „Widerspruchs" in der Hauptverhandlung gegen die Verwertung der im Rahmen der ärztlichen Untersuchung gemachten Angaben hat das LG seine Überzeugung von der Mittäterschaft der Angeklagten A u.a. auch auf die Aussage der Zeugen KHM K gestützt.

LÖSUNG

Die Verwertung der Aussage der A – trotz Widerspruchs ihres Verteidigers – durch Vernehmung der KHK K in der Hauptverhandlung könnte wegen Verstoßes gegen § 163a IV 2 i.V.m. §§ 136 I 2, 136a I 1 StPO rechtsfehlerhaft gewesen sein.

I. VERSTOSS GEGEN DAS „*BEWEISERHEBUNGSVERBOT*" DES § 163a IV 2 i.V.m. §§ 136 I 2, 136a I 1 StPO?

§ 136a StPO ist Ausdruck des notwendigen ***Schutzes der Menschenwürde*** im Strafverfahren und stellt ein ***umfassendes Verbot der Beeinflussung der Willensentschließung eines Beschuldigten über das Ob und Wie einer Aussage auf*** (vgl. BGHSt 5, 332).
Da die ***Aufzählung von Maßnahmen zur Beeinflussung von Willensentschließung und Willensbetätigung im Rahmen des § 136a I, II StPO nicht abschließend*** sei, kommen, wie der BGH ausführt (vgl. BGH 2 StR 474/17) jegliche, auch in dieser Vorschrift nicht explizit aufgeführte Maßnahmen oder Handlungen in Betracht, die von Einfluss auf die Aussagefreiheit sein könnten. Sie könnten allein oder im Zusammenwirken mit in § 136a I, II StPO ausdrücklich genannten Umständen zu einer nicht mehr hinnehmbaren, von § 136a StPO verbotenen Beeinflussung der Aussagefreiheit führen.
Ob dies der Fall sei, hänge von einer ***Gesamtbewertung*** ab, die sich an dem Maß der Beeinträchtigung der Willensfreiheit durch die ausdrücklich bezeichneten unerlaubten Handlungsweisen zu orientieren habe. ***Ergäbe sie, dass ein unerlaubter Einfluss auf den Willen des Betroffenen von nicht unerheblicher Stärke ausgeübt worden sei, der dazu geführt habe, dass die Auskunftsperson ungewollt aussage, obwohl sie dazu nicht verpflichtet sei, liege ein mit Blick auf § 136a StPO nicht mehr hinnehmbares Verhalten vor:***

Mit der vorliegenden Entscheidung hat der BGH klargestellt, dass ***auch außerhalb von Vernehmungen i.S.d. §§ 136, 136a StPO die Verletzung der Aussagefreiheit zu einem Beweisverwertungsverbot führen*** könne.
Zwar sei, so der BGH, fraglich, ob das Gesamtgeschehen um die ***ärztliche Untersuchung der Angeklagten A überhaupt als „Vernehmung" im Sinne des §§ 136,***

136a StPO anzusehen sei. Denn eine „*Vernehmung*" im Sinne dieser Vorschriften liege nur dann vor, wenn der Vernehmende dem Beschuldigten in amtlicher Funktion gegenübertrete und in dieser Eigenschaft von ihm Auskunft verlange (vgl. BGHSt 42, 139). Dies könne hier, insbesondere im Blick auf eine *ärztliche Untersuchung*, zweifelhaft sein.

Aus dem Gesamtzusammenhang des Rügevorbringens lasse sich jedoch entnehmen, dass die Angeklagte ***– über die Vernehmung hinaus – die Verletzung ihrer Rechte im Zusammenhang mit der ärztlichen Untersuchung und ihrer Zuführung dorthin*** geltend machen wolle. Ihre Verfahrensrüge sei daher als **Rüge der Verletzung der „Selbstbelastungsfreiheit"** (**„Nemo-tenetur-Grundsatz"**) anzusehen, weil die Angeklagte A im Kern beanstande, dass sie ***wegen ihrer gesundheitlichen Beeinträchtigungen, der Notwendigkeit ärztlicher Hilfe und des hartnäckigen Verhaltens der Ermittlungsbeamtin KHM K ihre Aussagefreiheit faktisch nicht wahrnehmen haben können.***

Damit liege ein Verstoß gegen das Beweiserhebungsverbot der § 163a IV 2 i.V.m. §§ 136 I 2, 136a I 1 StPO vor.

II. RECHTSFOLGE

1. „*Beweisverwertungsverbot*" gem. § 163a IV 2 i.V.m. § 136a III 2 StPO zugunsten der Angeklagten A?

Mit seiner Entscheidung bestätigt der BGH das Rügevorbringen der Angeklagten, dass eine eigenverantwortliche Entscheidung der A über ihre Aussagefreiheit während dieses Gesamtgeschehens nicht vorgelegen habe. Dabei sei entscheidend, dass sich die Angeklagte ***nach der ersten Belehrung im ununterbrochenen polizeilichen Gewahrsam befunden*** habe, in dem ***zu keinem Zeitpunkt auf ihr Recht zu Schweigen Rücksicht genommen*** worden sei. Letztlich sei sie auf diese Weise einer ***dauerhaften Befragung*** ausgesetzt gewesen. Das habe begonnen schon während des Transports der Angeklagten zum Arzt. Dabei habe die Polizeibeamtin KHM K immer wieder das Gespräch auf die Tat gelenkt, ebenso wie auch im Wartebereich vor dem Arztzimmer. ***Die Angeklagte habe zuvor ausdrücklich von ihrem Schweigerecht Gebrauch gemacht.*** Sie habe sich – weshalb sie ja einem Arzt vorgestellt werden musste – ***in einer gesundheitlich sehr angeschlagenen Verfassung befunden***, da sie eine Überdosis eines Psychopharmakons zu sich genommen und befürchte habe, einen Herzinfarkt oder Schlaganfall zu erleiden. Schon angesichts dieser prekären gesundheitlichen Verfassung der ausdrücklich nicht aussagebereiten Angeklagten A hätten sich weitere investigative Fragen zum Tatgeschehen verboten.

Weiterhin hätten ***auch die Gesamtumstände der ärztlichen Untersuchung*** die Angeklagte A in ihrer ***Aussagefreiheit beeinträchtigt.*** Die 75-jährige A sei ***dringend behandlungsbedürftig*** gewesen. ***Um einen korrekten ärztlichen Befund zu erhalten, sei die Angeklagte gezwungen gewesen, möglichst genaue Angaben zur Brandentstehung zu machen, auch wenn dies mit einer Selbstbelastung einherging. Diese Zwangssituation habe die Zeugin KHM K mit ihrer Anwesenheit bewusst ausgenutzt, um die entsprechenden Erkenntnisse zu erheben – und dies im Bewusstsein, dass die Angeklagte erklärt hatte, keine Angaben gegenüber den Ermittlungsbehörden machen zu wollen.*** Dabei sei es auch unerheblich,

dass die Polizeibeamtin im Behandlungszimmer die Frage gestellt habe, ob sie hinausgehen solle, ohne allerdings irgendeine Antwort zu erhalten. Dies habe sie nicht automatisch als Zustimmung werten dürfen, weil auch die Möglichkeit bestanden habe, dass die Frage weder vom Arzt noch der Angeklagten gehört worden sein könnte.
Weil bereits wegen dieses Verstoßes gegen die Aussagefreiheit der A ein „absolutes Beweisverwertungsverbot" gem. § 163a IV 2 i.V.m. § 136a III 2 StPO bestehe, könne es dahinstehen, ob nicht auch das „Arzt-Patienten-Gespräch" ohnehin einem „absoluten Beweisverwertungsverbot" wegen einer Verletzung des „unantastbaren Kernbereichsschutzes" unterliege (vgl. BGHSt 50, 206; 57, 71; BVerfGE 129, 208)

2. *„Beweisverwertungsverbot"* gem. § 163a IV 2 i.V.m. § 136a III 2 StPO auch zugunsten der Tochter T?
Wie der BGH abschließend betont, habe auch die Revision der mitangeklagten Tochter T im selben Umfang Erfolg. Auch deren Verurteilung sei im Wesentlichen auf die unverwertbaren Angaben ihrer Mutter, der Mitangeklagten A gestützt.
Wegen seiner Absolutheit entfalte dieses Beweisverwertungsverbot seine Wirkung auch auf die von den Eingriffen in die Aussagefreiheit der Mitangeklagten nicht unmittelbar betroffene Angeklagte T. Dies gelte hier in besonderem Maße, weil die Angeklagte A gegenüber ihrer Tochter zudem ein Zeugnisverweigerungsrecht gem. § 52 I Nr. 3 StPO gehabt hätte (vgl. hierzu auch BGH 5 StR 649/87; BeckRS 1987, 31102987)***, in dessen Ausübung mittelbar gleichfalls eingegriffen worden sei.***

FALLENDE

FALL 6

Sachverhalt (vgl. BGH 4 StR 195/16; BeckRS 2016, 15758)

Der Angeklagte A wurde vom Landgericht wegen mittäterschaftlichen Raubes verurteilt. Die Urteilsgründe stützten sich dabei auch auf die Aussage des Mitangeklagten S, der sich im Ermittlungsverfahren zum Tatgeschehen geäußert hatte.
A machte mit seiner Revision geltend, dass das LG die im Ermittlungsverfahren gemachten Angaben des S bei der Verurteilung des A verwertet habe. S sei damals zur Sache befragt worden, obwohl er zu erkennen gegeben habe, dass er ohne rechtsanwaltlichen Beistand keine Aussage machen wolle und der von S benannte Verteidiger nicht habe erreicht werden können.

LÖSUNG

Die Verwertung der Aussage des Mitangeklagten S aus dem Ermittlungsverfahren zum Nachteil des Angeklagten A könnte auf Grund der Missachtung des Rechts des S zur Verteidigerkonsultation rechtsfehlerhaft gewesen sein.

VERSTOSS GEGEN DAS *„BEWEISERHEBUNGSVERBOT"* DES

1. § 163a IV 2 i.V.m. § 136 I 2 StPO?
Der BGH verneint ein aus dem Vorenthalten des anwaltlichen Beistands gegenüber S resultierendes Verwertungsverbot für den Angeklagten A und lehnt damit eine ***„Drittwirkung"* des § 136 I 2 StPO** ab. Hierzu führt der BGH aus, dass die Vorschrift

des § 136 I 2 StPO **dem Schutz des unmittelbar in der Vernehmungssituation stehenden Beschuldigten und nicht dem Rechtskreis eines Mitbeschuldigten diene.** Daher könne Letzterer auch kein Beweisverbot geltend machen.

2. § 168c V 1 i.V.m. II StPO?

In gleicher Weise hat der BGH früher bereits bei einem Verstoß gegen § 168c V 1 i.V.m. I StPO geurteilt und entschieden, dass die **fehlende Information und Hinzuziehung des anwesenheitsberechtigten Verteidigers eines Beschuldigten nicht den Rechtskreis des anderen Mitbeschuldigten berühre** (vgl. BGHSt 53, 194).

Die Norm des § 168c V 1 StPO diene allein dem Schutz des vernommenen Beschuldigten. Sie solle verhindern, dass im Ermittlungsverfahren unter Verletzung des Anspruchs des Beschuldigten auf rechtliches Gehör (Art. 103 I GG) ein für den weiteren Verlauf des Strafverfahrens möglicherweise entscheidendes Beweisergebnis herbeigeführt werden kann, ohne dass der vernommene Beschuldigte und sein Verteidiger Gelegenheit gehabt hätten, hierauf Einfluss zu nehmen (vgl. BGHSt 26, 332).

Dagegen diene die Benachrichtigungspflicht nicht den Interessen des Mitbeschuldigten. Aus diesem Grund sei bei der richterlichen Vernehmung des Beschuldigten lediglich dessen Verteidiger gem. § 168c I StPO die Anwesenheit gestattet, Ein Mitbeschuldigter oder dessen Verteidiger hätte dagegen kein Anwesenheitsrecht (vgl. BGHSt 42, 391). Hätte der Gesetzgeber auch einem Mitbeschuldigten die Möglichkeit einer Einflussnahme auf den Ablauf der Beschuldigtenvernehmung geben wollen, hätte er für diesen und seinen Verteidiger, wie bei der richterlichen Zeugenvernehmung gem. § 168c II StPO, ein Anwesenheitsrecht normiert. Dies habe er indes nicht getan; vielmehr habe er ausdrücklich zwischen der „Beschuldigtenvernehmung (§ 168c I StPO) einerseits und der Vernehmung eines Zeugen oder Sachverständigen (§ 168c II StPO) andererseits differenziert.

3. § 168c V 1 i.V.m. II StPO *analog*?

Aus diesem Grunde sei auch eine entsprechende Anwendung des Anwesenheitsrechts eines Mitbeschuldigten gem. § 168c II StPO auf den Fall der Vernehmung eines Beschuldigten abzulehnen (vgl. M-G/S § 168c Rn 1, 2). § 168c I StPO beschränke die Anwesenheitsrechte bei der Vernehmung eines Beschuldigten auf dessen Verteidiger und den Staatsanwalt; der Mitbeschuldigte und sein Verteidiger würden hier nicht genannt. Dass die Einbeziehung des Mitbeschuldigten hier nur versehentlich unterblieben sei, liege damit keinesfalls nahe, so dass es für eine analoge Anwendung des § 168c II StPO bereits an einer planwidrigen Regelungslücke fehlte. Außerdem müsse es den Ermittlungsbehörden auch möglich sein, Beschuldigte und Mitbeschuldigte getrennt voneinander zu vernehmen, um Widersprüche in ihren Aussagen aufdecken zu können und Absprachen hinsichtlich des Inhalts ihrer Aussagen zu erschweren.

FALLENDE

Mithin sei es revisionsrechtlich nicht zu beanstanden, dass das LG die im Ermittlungsverfahren gemachten Angaben des S bei der Verurteilung des A verwertet habe.

FALL 7

Sachverhalt (vgl. BGH 4 StR 170/09; BeckRS 2009, 26494)

Der Angeklagte A war aus freien Stücken auf der Polizeiwache erschienen und hatte gegenüber dem dortigen Polizeibeamten P – ohne vorherige Belehrung über seine Rechte als Beschuldigter – das im späteren Urteil festgestellte Tatgeschehen eingeräumt. Daraufhin wurde er von dem Kriminalbeamten K zur ärztlichen Untersuchung begleitet. Während der Fahrt erzählte A – ungefragt – weitere Einzelheiten zum Tathergang.

Erst nach Abschluss der ärztlichen Untersuchung erfolgte eine Belehrung des A über seine Beschuldigtenrechte durch K, wobei allerdings eine gesonderte Belehrung über die Unverwertbarkeit der auf der Fahrt zur Untersuchung gemachten Äußerungen unterblieb. A machte dabei nochmals ausführliche Angaben zum Tathergang, die in einem polizeilichen Vermerk festgehalten wurden.

Seine Überzeugung von der Täterschaft des Angeklagten stützte das LG auf die Aussagen des vernommenen Polizeibeamten P und des gleichfalls vernommenen Kriminalbeamten K, der nach Abschluss der ärztlichen Untersuchung den Angeklagten über seine Beschuldigtenrechte belehrt, anschließend vernommen und darüber ein Vernehmungsprotokoll angefertigt hatte. Der Verteidiger widersprach in der Hauptverhandlung der Verwertung der gegenüber den Beamten P und K gemachten Angaben seines Mandanten.

In der Revision rügte A, seine Erklärungen gegenüber P und K hätten wegen eines Verstoßes gegen § 163a IV 2 i.V.m. § 136 I 2 StPO nicht verwertet werden dürfen.

LÖSUNG

Die Verwertung der Angaben des A im Urteil wäre rechtsfehlerhaft erfolgt, sofern das LG seine Äußerungen durch Vernehmung der Beamten P und K nicht in die Hauptverhandlung hätte einführen und bei der Beweiswürdigung – trotz Widerspruchs des Verteidigers des A – nicht hätte verwerten dürfen.

Vorliegend ist zu unterscheiden zwischen

(1) dem zunächst *auf der Polizeiwache gegenüber dem Polizeibeamten P* abgelegten *„Spontangeständnis“* des A
(2) den Angaben, die A anschließend *im Polizeifahrzeug auf der Fahrt zur ärztlichen Untersuchung gegenüber dem Kriminalbeamten K* getätigt hat
(3) der Aussage, die A schließlich *nach der ärztlichen Untersuchung und nach erfolgter Beschuldigtenbelehrung erneut gegenüber dem Kriminalbeamten K* gemacht hat

Zu (1)

I. VERSTOSS GEGEN DAS *„BEWEISERHEBUNGSVERBOT“* DES § 163a IV 2 i.V.m. § 136 I 2 StPO?

Zur Verwertbarkeit des ***„Spontangeständnisses“*** des A gegenüber dem Polizeibeamten P führt der BGH aus, dass es zu diesem Zeitpunkt noch an der „Beschuldigteneigenschaft“ des A gefehlt habe, so dass noch keine entsprechende Belehrungspflicht gem. § 163a IV 2 i.V.m. § 136 I 2 StPO bestanden habe **(vgl. hierzu auch die Ausführungen zu *Fall 2*).**

Die Verwertbarkeit solcher Äußerungen trotz fehlender Belehrung über die Beschuldigtenrechte sei grundsätzlich zulässig, wenn keine Anhaltspunkte dafür bestünden, dass die Belehrungspflichten gezielt umgangen worden seien, um den Betroffenen zu einer Selbstbelastung zu verleiten.
Mithin durften die auf der Polizeiwache gegenüber den Polizeibeamten P gemachten „Spontanäußerungen" des Angeklagten A im Urteil verwertet werden.

Zu (2)

I. VERSTOSS GEGEN DAS *„BEWEISERHEBUNGSVERBOT"* DES § 163a IV 2 i.V.m. § 136 I 2 StPO?

Nach Ansicht des BGH spreche allerdings Vieles für die Unverwertbarkeit derjenigen Angaben, die A auf der Fahrt zur ärztlichen Untersuchung gegenüber dem ihn begleitenden Kriminalbeamten K gemacht hatte. Denn zu diesem Zeitpunkt habe auf Grund des vorangegangenen Spontangeständnisses auf der Polizeiwache bereits ein so starker Tatverdacht gegen ihn bestanden, dass schon zu diesem Zeitpunkt eine Beschuldigtenbelehrung hätte erfolgen müssen. Da dies nicht erfolgt sei, liege ein Verstoß gegen das Beweiserhebungsverbot des § 163a IV 2 i.V.m. § 136 I 2 StPO vor.

II. RECHTSFOLGE: *„BEWEISVERWERTUNGSVERBOT"*?

An der Notwendigkeit der Belehrung ändere auch der Umstand nichts, dass A die Angaben auf der Fahrt zur ärztlichen Untersuchung nicht auf gezieltes Befragen hin, sondern gleichfalls von sich aus, „aus freien Stücken", gemacht habe. Denn solche ***„Spontanäußerungen"*** **dürften von den Ermittlern nicht gezielt dazu ausgenutzt werden, um eine *zu diesem Zeitpunkt bereits entstandene Belehrungspflicht gegenüber dem Beschuldigten* zu umgehen.**
Eine derartige gezielte Umgehung liege aber zumindest deshalb nahe, weil sich der Kriminalbeamte K nach erfolgtem Spontangeständnis des A auf der Polizeiwache – anschließend über einen erheblichen Zeitraum, nämlich während der Fahrt zur ärztlichen Untersuchung – Einzelheiten zum Tatgeschehen berichten lasse, ohne den nunmehr *„Beschuldigten"* A auf sein Aussageverweigerungsrecht hingewiesen zu haben.
Mangels erfolgter Belehrung gem. § 163a IV 2 StPO i.V.m. § 136 I 2 seien daher die im Polizeifahrzeug auf der Fahrt zur ärztlichen Untersuchung gemachten Angaben des A unverwertbar.

Zu (3)

I. VERSTOSS GEGEN DAS *„BEWEISERHEBUNGSVERBOT"* DES § 163a IV 2 i.V.m. § 136 I 2 StPO?

Aufgrund der Unverwertbarkeit der *im Polizeifahrzeug auf der Fahrt zur ärztlichen Untersuchung gegenüber dem Kriminalbeamten K gemachten Angaben* (siehe zu (2)) hätte A, so der BGH, vor der im Anschluss an die ärztliche Untersuchung stattfindenden *„förmlichen Beschuldigtenvernehmung"* von dem Kriminalbeamten K nicht nur gem. § 163a IV 2 i.V.m. § 136 I 2 StPO belehrt werden müssen, sondern hätte auch darauf hingewiesen werden müssen, dass seine zuvor im Polizeifahrzeug gemachte

Aussage nicht verwertet werden könne. Eine solche sog. ***„qualifizierte Belehrung"*** sei erforderlich, um zu verhindern, dass ein Beschuldigter nur deshalb auf sein Aussageverweigerungsrecht verzichte, weil er möglicherweise glaube, eine frühere unter Verstoß gegen die Belehrungspflicht zu Stande gekommene Selbstbelastung nicht mehr aus der Welt schaffen zu können.

II. RECHTSFOLGE: *„BEWEISVERWERTUNGSVERBOT"*?

Bemerkenswert ist, dass für den Fall, dass ein Tatverdächtiger zunächst ***rechtsfehlerhaft als Zeuge – statt als Beschuldigter*** – vernommen und später ***nicht „qualifiziert" belehrt*** worden ist, der BGH ***hinsichtlich eines Beweisverwertungsverbots einen Automatismus ablehnt*** und auf den Einzelfall abstellen will. Zwar gehöre das Recht zu schweigen und das Recht, sich nicht selbst belasten zu müssen, zum Kernstück des von Art. 6 I 1 EMRK garantierten „Fairen Verfahrens". Gleichwohl komme einem Verstoß gegen die Pflicht zur *„qualifizierten Belehrung"* **nicht dasselbe Gewicht** zu wie einem Verstoß gegen die Belehrungspflicht nach § 136 I 2 StPO (vgl. BGHSt 53, 112).

Deshalb sei in einem solchen Fall die Verwertbarkeit der weiteren Aussage durch eine **ergebnisoffene Abwägung im Einzelfall** zu ermitteln. Kriterien für die Abwägung seien das Gewicht des Verfahrensverstoßes, das Interesse an der Sachaufklärung, ob die Vernehmung als Zeuge in bewusster Umgehung der Belehrungspflichten erfolgte und ob der Vernommene davon ausgegangen sei, von seinen zuvor gemachten Angaben *„als Zeuge"* nicht mehr abrücken zu können. Dies werde insbesondere dann anzunehmen sein, wenn sich die *„Beschuldigtenvernehmung"* inhaltlich als bloße Wiederholung oder Fortsetzung der in der fehlerhaften *„Zeugenvernehmung"* gemachten Angaben darstelle.

Vorliegend ergebe sich aus der erforderlichen Einzelfallbetrachtung, dass das LG nicht daran gehindert gewesen sei, die von A ***im Anschluss an die ärztliche Untersuchung nach ordnungsgemäßer Beschuldigtenbelehrung gegenüber dem Kriminalbeamten K gemachten Angaben*** durch Vernehmung des K in die Hauptverhandlung einzuführen und zu verwerten. Zwar sei eine *„qualifizierte Belehrung"* des A nicht erfolgt. Jedoch spreche nichts dafür, dass A zum Zeitpunkt der Belehrung gem. § 163a IV 2 i.V.m. § 136 I 2 StPO angenommen habe, er könne von seinen Angaben, die er zuvor im Polizeifahrzeug gegenüber K gemacht hatte, nicht mehr abrücken.

Da das LG dem Urteil *nicht die während der Fahrt gemachten Angaben* des A zugrunde gelegt habe, sondern nur diejenige protokollierte Aussage, die A *im Anschluss nach ordnungsgemäßer Belehrung als Beschuldigter* gegenüber K gemacht habe, bleibe die Verfahrensrüge des A ohne Erfolg.

FALLENDE

b) „*Informatorische Befragung*"

FALL 8

Sachverhalt (vgl. BayObLG 1 St RR 109/04; BeckRS 2005, 02689)

Mit der gegen die Verurteilung wegen fahrlässiger Trunkenheit im Verkehr eingelegten Revision rügt der Angeklagte A, dass die Angaben, die er bei seiner Befragung durch den Polizeibeamten P auf den Vorhalt hin, er sei Schlangenlinien gefahren, gemacht habe, der Entscheidung des LG – nach erfolgtem Widerspruch – nicht hätten zugrunde gelegt werden dürfen, da er vor seiner Befragung durch P nicht ordnungsgemäß belehrt worden sei.

LÖSUNG

Die Verwertung der Aussage des A – trotz Widerspruchs seines Verteidigers – durch Vernehmung des Polizeibeamten P in der Hauptverhandlung könnte auf Grund der unterbliebenen Beschuldigtenbelehrung des A wegen Verstoßes gegen § 136 I 2 StPO rechtsfehlerhaft gewesen sein.

I. VERSTOSS GEGEN DAS „*BEWEISERHEBUNGSVERBOT*" DES § 163a IV 2 i.V.m. § 136 I 2 StPO?

1. „*Informatorische Befragung*"

Soweit A rügt, seine Angaben zur Fahrereigenschaft, die er ohne vorherige Belehrung über seine Beschuldigtenrechte gegenüber dem Polizeibeamten P gemacht habe, seien zu Unrecht verwertet worden, ist dies zutreffend.

Entgegen der vom LG vertretenen Rechtsauffassung handelte es sich nach Ansicht des BayObLG bei der Befragung des A durch den Polizeibeamten P nicht lediglich um eine sog. ***„Informatorische Befragung"***, für die regelmäßig eine **Belehrung nach § 163a IV 2 i.V.m. § 136 I 2 StPO nicht erforderlich** sei (vgl. M-G/S Einl. Rn 79). Die „*Informatorische Befragung*" stellt eine im Gesetz nicht erwähnte, der Einleitung eines Ermittlungsverfahrens vorgeordnete Phase dar, die zum Ziel hat durch formlose Befragung („*Herumfragen*") herauszufinden, ob wirklich der Verdacht einer Straftat besteht und wer als Beschuldigter oder Zeuge in Betracht kommt (vgl. M-G/S § 163 Rn 9). Sie ist eine Zeugenvernehmung, so dass die Aussageverweigerungsrechte nach §§ 52 ff. StPO bestehen; aber **keine „*Vernehmung*" im engeren Sinne;** daher muss auch keine Belehrung nach den §§ 52 ff. StPO oder nach § 136 I 2 StPO erfolgen.

Wie das BayObLG ausführt, sei von einer „*Informatorischen Befragung*" dann auszugehen, wenn das Strafverfolgungsorgan zwar als solches aktiv geworden sei, jedoch noch kein konkreter individualisierter Anfangsverdacht i.S.v. § 152 II StPO vorliege und der Befragte noch nicht die Stellung eines „*Beschuldigten*" erlangt habe (vgl. BGH NStZ 1983, 86).

2. Abgrenzung zur „*formellen Beschuldigtenvernehmung*"

Für die Unterscheidung zwischen einer „*Informatorischen Befragung*" und einer „*Beschuldigtenvernehmung*" sei einerseits die Stärke des Tatverdachts bedeutsam. Hierbei habe der Polizeibeamte einen Beurteilungsspielraum, innerhalb dessen zu beachten sei, dass einerseits dem „Grundsatz der *Selbstbelastungsfreiheit*" eines Beschuldigten möglichst weitgehend Geltung verschafft werde, andererseits aber

– ebenfalls zu Gunsten der Auskunftsperson – auch gewährleistet werden müsse, dass möglichst frühzeitig Klarheit darüber erlangt werde, ob etwa im Raum stehende Zwangsmaßnahmen in Betracht kämen. Diesen Spielraum dürfe der Polizeibeamte freilich nicht mit dem Ziel missbrauchen darf, den Zeitpunkt der Belehrung nach § 163a IV 2 i.V.m. § 136 I 2 StPO möglichst weit hinauszuschieben.
Neben der Stärke des Verdachtes sei auch von Bedeutung, wie sich das Verhalten des Beamten nach außen in der Wahrnehmung des Befragten darstelle. So gäbe es polizeiliche Verhaltensweisen, die schon nach ihrem äußeren Befund belegten, dass der Polizeibeamte dem Befragten als Beschuldigten begegne, mag er dies auch nicht zum Ausdruck bringen (vgl. BGHSt 38, 214).
Nach alledem habe der Angeklagte A zum Zeitpunkt seiner Befragung durch P auf dem Parkplatz bereits als *„Beschuldigter"* angesehen werden müssen. Folglich hätte P den A vor der konfrontativen Befragung mit dem Tatvorwurf gem. § 163a IV 2 i.V.m. § 136 I 2 StPO über sein Aussageverweigerungsrecht belehren müssen, was unterblieben sei und daher einen Verstoß gegen ein Beweiserhebungsverbot darstelle.

vgl. hierzu auch die Ausführungen zu Fall 2

II. RECHTSFOLGE: *„BEWEISVERWERTUNGSVERBOT"*?

Anders als bei der bloßen Wahrnehmung von Alkoholgeruch im Auto, der durchaus auch andere Ursachen haben könne als eine die Grenzen des § 24a I StVG überschreitende Alkoholisierung des Fahrers (vgl. BayObLG NStZ-RR 2003, 343), habe es sich dem Polizeibeamten P nach dessen Beobachtung des Schlangenlinienfahrens aufgedrängt, dass der in unmittelbarer Nähe zum Tatort in alkoholisiertem Zustand unweit des Tatfahrzeuges aufgefundene Angeklagte A, der noch dazu der Halter des Tatfahrzeuges war, als mutmaßlicher Täter der Trunkenheitsfahrt in Betracht kommen könne. So habe der Polizeibeamte P im Rahmen seiner Zeugenvernehmung auch bekundet, dass er dem Angeklagten vorgehalten habe, dass er zwischen den Ortschaften N und R Schlangenlinien gefahren sei.
Aufgrund des unter diesen Umständen besonders schwerwiegenden Verstoßes gegen § 163a IV 2 i.V.m. § 136 I 2 StPO und der Tatsache, dass der Verteidiger des A in der Hauptverhandlung einer Verwertung rechtzeitig widersprochen habe, hätten die von A gemachten Angaben auch einem Beweisverwertungsverbot unterlegen (vgl. BGHSt 42, 15).

KLAUSURHINWEIS

Wird ein Tatverdächtiger *im Anschluss an eine „Informatorische Befragung" als Beschuldigter* vernommen, so braucht er über die Belehrung nach § 163a IV 2 i.V.m. § 136 I 2 StPO hinaus nicht dahingehend belehrt zu werden, dass er nicht an seine Angaben aus der *„Informatorischen Befragung"* gebunden sei; eine ***„qualifizierte Belehrung"*** ist in diesem Falle also nicht erforderlich.
Seine zuvor bei der *„Informatorischen Befragung"* gemachten Angaben dürfen dem *jetzt Beschuldigten* im Rahmen einer förmlichen Beschuldigtenvernehmung vorgehalten werden; sie können auch durch Vernehmung des vorermittelnden Polizeibeamten in das Verfahren eingeführt werden (vgl. BGH NStZ 1983, 86; M-G/S Einl. Rn 79).

FALLENDE

CHECKLISTE

ZU DEN FÄLLEN 1 – 8
Diese Stichpunkte sollten Sie sich einprägen:

- ☑ „Recht auf ein faires Verfahren" (Art. 6 I 1 EMRK)
- ☑ Grundsatz der „Selbstbelastungsfreiheit" („Nemo-tenetur-Grundsatz)
- ☑ „Formeller Beschuldigtenbegriff"
- ☑ „Formeller Vernehmungsbegriff"
- ☑ „Spontanäußerungen"
- ☑ „Informatorische Befragung"
- ☑ „Widerspruchslösung"
- ☑ „Qualifizierte Belehrung"

4. *„Verdeckte Befragung"*

a) durch Einsatz eines *„Verdeckten Ermittlers"* (§§ 110a ff. StPO)

FALL 9

Sachverhalt (vgl. BGH 3 StR 104/07; BeckRS 2007, 13306)

Im August 2002 betäubte der Angeklagte A in seiner Wohnung die 15- jährige J, die aufgrund der Betäubung verstarb. Im Januar 2003 leitete die Staatsanwaltschaft gegen A, der mittlerweile wegen eines anderen Vergehens eine Haftstrafe verbüßte, ein Ermittlungsverfahren wegen Mordes zum Nachteil der J ein. Bei seinen Vernehmungen bestritt A wiederholt die Tat und berief sich im Übrigen stets auf sein Aussageverweigerungsrecht. Nachdem die polizeilichen Ermittlungen zu keiner Verdachtserhärtung geführt hatten und andere, gleich effektive Ermittlungsmaßnahmen nicht vorhanden waren, genehmigte das zuständige Amtsgericht auf Antrag der Staatsanwaltschaft durch Beschluss vom 28.10.2003 den Einsatz eines „Verdeckten Ermittlers" (V) gegen den A.

In der nachfolgenden Zeit besuchte der „Verdeckte Ermittler" V den A insgesamt 13-mal in der JVA. Nach und nach fasste A Vertrauen zu V, der im Übrigen auch As einzige Kontaktperson außerhalb der JVA war. A erzählte V von den gegen ihn geführten Ermittlungen, bestritt jedoch, die Tat begangen zu haben. Anfang Januar 2005 wurde dem Angeklagten ein einwöchiger Hafturlaub bewilligt, den er in einer von V zur Verfügung gestellten Wohnung verbrachte.

Am 06.01.2005 sprach V den A gezielt auf den gegen diesen gerichteten Tatvorwurf an. In dem teilweise sehr erregt geführten Gespräch bedrängte V den A unter Hinweis auf das zwischen ihnen bestehende Vertrauensverhältnis, wahrheitsgemäße Angaben zu machen. Um sich das Vertrauensverhältnis zu V zu erhalten und auch im Hinblick auf gemeinsam geplante Geschäfte, räumte A schließlich die Täterschaft ein.

A wurde daraufhin am 07.01.2005 vorläufig festgenommen. Im Rahmen seiner polizeilichen Vernehmung machte er im Wesentlichen dieselben Angaben wie gegenüber V. Vor der Vernehmung hatte ein Polizeibeamter den A über Vs Einsatz

als „Verdeckter Ermittler" informiert, dessen Vorgehen als rechtlich einwandfrei und die dabei erlangten Äußerungen als gerichtsverwertbar bezeichnet.
Nach seiner Verurteilung durch das LG rügte der Angeklagte mit der Revision, seine Angaben gegenüber dem „Verdeckten Ermittler" V vom 06.01.2005 sowie in der anschließenden polizeilichen Vernehmung am 07.01.2005, bei der A ordnungsgemäß gem. § 163a IV 2 i.V.m. § 136 I 2 StPO belehrt worden war, hätten nach dem Widerspruch seines Verteidigers in der Hauptverhandlung dem Urteil nicht zugrunde gelegt werden dürfen.

LÖSUNG

Die Verwertung der Angaben gegenüber dem „Verdeckten Ermittler" V vom 06.01.2005 sowie in der anschließenden polizeilichen Vernehmung am 07.01.2005 könnte auf Grund der zunächst unterbliebenen Beschuldigtenbelehrung des A rechtsfehlerhaft gewesen sein.

Zunächst stellt der BGH klar, dass der Einsatz des ***„Verdeckten Ermittlers"* (§ 110a II StPO)** gegen A im Grundsatz nicht zu beanstanden sei. Die Voraussetzungen für dessen Einsatz hätten unter den gegebenen Umständen vorgelegen **(§ 110a I StPO)**. Da auch die nach **§ 110b II 1 Nr. 1 StPO** erforderliche richterliche Zustimmung zuvor eingeholt worden sei, seien die durch den „Verdeckten Ermittler" V gewonnenen Erkenntnisse an sich verwertbar.

I. Ein *„UNSELBSTSTÄNDIGES BEWEISVERWERTUNGSVERBOT"* der Angaben des A gegenüber dem „Verdeckten Ermittler" V könnte sich dennoch ergeben aus einem VERSTOSS GEGEN DAS *„BEWEISERHEBUNGSVERBOT"* des

1. § 163a IV 2 i.V.m. § 136 I 2 StPO

§ 163a IV 2 i.V.m. § 136 I 2 StPO setze voraus, dass es sich bei dem Gespräch zwischen A und dem V am 06.01.2005 um eine ***„Vernehmung"*** gehandelt habe.
Dies sei vorliegend aber nicht der Fall gewesen, da der *„Verdeckter Ermittler"* V bei der Unterredung mit A diesem gerade nicht in offizieller, amtlicher Eigenschaft als Polizeibeamter gegenübergetreten sei **(vgl. hierzu auch die Ausführungen zu *Fall 4*).**
Aber auch eine ***analoge Anwendung des § 163a IV 2 i.V.m. § 136 I 2 StPO*** komme nicht in Betracht, da die Belehrungspflicht den Beschuldigten nur davor bewahren solle, sich gegenüber einer staatlichen Autorität zu einer Aussage verpflichtet zu fühlen. Der vorliegende Fall sei aber nicht anders zu beurteilen, als hätte sich A mit einer beliebigen Privatperson unterhalten. Wie der BGH betont, gehöre es zum allgemeinen Lebensrisiko, sich einer Person anzuvertrauen, die das ihr entgegengebrachte Vertrauen später enttäuscht **(*„Es gibt keine allgemeine Vertraulichkeitsvermutung"*).**

2. § 163a IV 2 i.V.m. § 136a I 1 StPO

Der in **§ 163a IV 2 i.V.m. § 136a I 1 StPO** verwendete Begriff der ***„Täuschung"*** sei im Lichte der übrigen in § 136a I, II StPO genannten verbotenen Vernehmungsmethoden auszulegen.
In der heimlichen Befragung durch einen „Verdeckten Ermittler" liege **hinsichtlich Schwere und Eingriffsintensität keine vergleichbare Beeinträchtigung der Willensentschließungsfreiheit** wie sie z.B. bei Misshandlungen, Ermüdung, körperlichen Eingriffen, der Verabreichung von Mitteln oder bei Quälerei vorliege (vgl. BGHSt 42, 139).

II. Ein *„SELBSTSTÄNDIGES BEWEISVERWERTUNGSVERBOT"* der Angaben des A gegenüber dem „Verdeckten Ermittler" V könnte sich ergeben aus der Verletzung des *„RECHTS AUF EIN FAIRES VERFAHREN"* (Art. 6 I 1 EMRK) UNTER BESONDERER BERÜCKSICHTIGUNG DES *„GRUNDSATZES DER SELBSTBELASTUNGSFREIHEIT"(„NEMO-TENETUR-GRUNDSATZ")*?

1. *„Vernehmungsähnliche Situation"*

Nach der Rechtsprechung des ***Großen Senats des BGH*** (vgl. BGHSt 42, 139) kann auch eine heimliche Befragung – ohne Anwendung von Zwang – wegen Verstoßes gegen den „Grundsatz eines *fairen Verfahren*" unzulässig sein (z.B. die Unterbringung eines „V-Manns" im Haftraum eines Gefangenen oder die gezielte Anbahnung eines Liebesverhältnisses zur Informationsgewinnung, sog. *„Romeo-Falle"* vgl. BGH NStZ 1989, 33).

Mit dem „Grundsatz der *Selbstbelastungsfreiheit*" sei es jedenfalls nicht vereinbar, dem Beschuldigten, der sein Schweigerecht in Anspruch genommen habe, in gezielten, vernehmungsähnlichen Befragungen, die auf Initiative der Ermittlungsbehörden ohne Aufdeckung ihrer Verfolgungsabsicht durchgeführt würden, wie etwa durch „Verdeckte Ermittler", selbstbelastende Angaben zur Sache zu entlocken. Dabei werde der Schutz des *„Nemo-tenetur-Grundsatzes"* noch intensiviert, wenn der Angeklagte die Aussage in einer Weise verweigert habe, dass die Strafverfolgungsbehörden sein Schweigen grundsätzlich zu respektieren hätten.

Damit liegt der BGH auf einer Linie mit der einschlägigen Rechtsprechung des ***EGMR*** (vgl. StV 2003, 257). Danach soll im Falle der Berufung des Beschuldigten auf sein Aussageverweigerungsrecht der *„Nemo-tenetur-Grundsatz"* bereits dann verletzt sein und zu einem Beweisverwertungsverbot führen, wenn durch einen ***„Agenten des Staates"*** im Rahmen einer ***„vernehmungsähnlichen Situation"*** dem Beschuldigten durch ***„Täuschung"*** Äußerungen entlockt würden, **die in einer vorangegangenen *„offiziellen Vernehmung"* nicht zu erlangen gewesen seien.** Denn in diesem Fall werde der Einsatz eines *„Verdeckten Ermittlers"* dazu missbraucht, den Beschuldigten dazu zu bringen, von seinem Schweigerecht keinen Gebrauch mehr machen, obwohl er zuvor im Rahmen diverser amtlicher Vernehmungen bereits erklärt habe, keine Angaben zum Tatvorwurf machen zu wollen.

Genau so liege nach Ansicht des BGH der Fall auch hier. Obwohl sich A zuvor bereits wiederholt auf sein Aussageverweigerungsrecht berufen habe, habe der *„Verdeckte Ermittler"* V den A unter Ausnutzung des geschaffenen Vertrauens zu einer selbstbelastenden Aussage gedrängt und sich damit nicht nur darauf beschränkt, das zwischen ihm und A geschaffene Vertrauen dafür zu nutzen, Informationen zu erlangen, die A *von sich aus* zum Tatgeschehen machte.

Ob im Einzelfall eine ***„vernehmungsähnliche Situation"*** vorliege, richte sich nach den Umständen des Einzelfalles, insbesondere nach der Art der Beziehungen zwischen dem „Verdeckten Ermittler" und dem Beschuldigten und nach Art und Ausmaß des ausgeübten Zwanges (z.B. *„gezielte und beharrliche Fragen"*). Nach Ansicht des BGH sei das Gespräch zwischen A und dem „Verdeckten Ermittler" V am 06.01.2005 so intensiv geführt worden, dass man sagen könne, V habe den A gewissermaßen ***„in einer vernehmungsähnlichen Weise"*** zu den Einzelheiten des Tatgeschehens befragt und letztlich zu den ihn selbstbelastenden Angaben gedrängt. Damit stelle sich dieses Gespräch als ***„funktionales Äquivalent einer staatlichen Vernehmung"*** dar, dessen Inhalt einem **Beweisverwertungsverbot** unterliege (vgl. BGH NStZ 2009, 343).

2. Erfordernis einer *„Qualifizierten Belehrung"*

Der BGH **erstreckt das Beweisverwertungsverbot auch auf die *spätere Aussage des A im Rahmen der offiziellen polizeilichen Vernehmung*** am 07.01.2005, obwohl A dabei gem. § 163a IV 2 i.V.m. § 136 I 2 StPO ordnungsgemäß belehrt worden war. A habe bei dieser Aussage davon ausgehen müssen – wie der Polizeibeamte ihm gegenüber auch betont habe – dass seine früheren Angaben gegenüber dem „Verdeckten Ermittler" V gerichtsverwertbar seien und sei sich daher seiner Entscheidungsmöglichkeit, zur Sache auszusagen oder zu schweigen, nicht mehr bewusst gewesen.

Diese Konsequenz hätte der Vernehmungsbeamte nur durch eine ***„qualifizierte Belehrung"*** verhindern können, indem er klargestellt hätte, dass die bisherigen Angaben des A gegenüber dem V vom 06.01.2005 unverwertbar seien. Nur so hätte das Beweisverwertungsverbot nicht auf die danach erfolgte *an sich ordnungsgemäße* Vernehmung ***„fortgewirkt"***, d.h. den A in seiner Entschließungsmöglichkeit, zur Sache auszusagen oder zu schweigen, nicht mehr beeinträchtigt.

FALLENDE

FALL 10

Sachverhalt (vgl. BGH 5 StR 51/10, BeckRS 2010, 13972):

Der Angeklagte A verbüßte eine Haftstrafe wegen versuchter Anstiftung zum Mord (§§ 211, 30 I StGB), weil er in der Vergangenheit erfolglos mehreren Personen Geld angeboten hatte, damit diese seine ihm verhasste Ehefrau E umbringen sollten.
Während der Haftdauer bot der Mithäftling H dem Angeklagten A an, gegen Bezahlung E umbringen zu lassen. Nachdem sich A auf den Handel eingelassen hatte, wandte sich H an die Anstaltsleitung und meldete den Vorfall. Die daraufhin eingeschaltete Polizei stattete H mit einem Aufzeichnungsgerät aus, mit Hilfe dessen dieser während eines gemeinsamen Hofgangs eine erneute Erklärung des A aufzeichnen sollte, in der dieser die Vereinbarung zur Tötung seiner Frau gegen Bezahlung bestätigte.
Da dies jedoch misslang, wurde der Polizeibeamte P verdeckt als Besucher in die JVA eingeschleust, der sich gegenüber dem Angeklagten als Freund des H ausgab. P erklärte, er und seine Leute stünden bereit, die Ehefrau des Angeklagten zu töten, es gebe aber noch Probleme mit der Identifizierung des potenziellen Opfers. Er legte A ein Foto von E und ein Foto einer anderen Frau vor und bat A, zu erklären, welche der beiden Frauen „weggemacht" werden solle. Als A, der misstrauisch geworden war, sich weigerte, erklärte der P, dann könne man auch beide Frauen „wegmachen". A widersprach dem ganz vehement, da er nicht wollte, dass eine Unschuldige getötet würde, und identifizierte daraufhin seine Ehefrau als das richtige Opfer.
Kann die Aussage des Polizeibeamten P über die Angaben des A im Urteil verwertet werden?

LÖSUNG

Bei der Zeugenaussage des P könnte es sich um die Wiedergabe des Inhalts einer ***„Verdeckten Vernehmung“*** handeln, mit dem Ziel, eine selbstbelastende Äußerung des noch nicht förmlich als Beschuldigten vernommenen A herbeizuführen. Diese Ermittlungsmaßnahme könnte in ihrer konkreten Ausgestaltung rechtswidrig gewesen sein, so dass die von dem Zeugen P bekundeten selbstbelastenden Äußerungen des A im Urteil nicht hätten verwertet werden dürfen.

I. VERSTOSS GEGEN DAS „*BEWEISERHEBUNGSVERBOT*“ DES

1. § 163a IV 2 i.V.m. § 136a I 1 StPO?

Nach Ansicht des BGH stellte – obwohl P über kein Zugangsrecht zu dem Häftling A verfügte – der von den Vollzugsbeamten verschwiegene Umstand, dass der Besucher P kein Privatmann, sondern ein verdeckt ermittelnder Polizeibeamter war, **keine „*Täuschung*“ i.S.d. § 163a IV 2 i.V.m. § 136a I 1 StPO** dar, **sondern lediglich „*kriminalistische List*“** dar (vgl. BGHSt 53, 294).

2. § 163a IV 2 i.V.m. § 136 I 2 StPO?

Ein Rechtsverstoß und ein daraus folgendes Beweisverwertungsverbot der so gewonnenen Erkenntnisse ergebe sich auch nicht aus dem Umstand, dass eine **Belehrung** des A ***„als Beschuldigter“*** gem. **§ 163a IV 2 i.V.m. § 136 I 2 StPO unterblieben** sei (vgl. BGHSt GS 42, 139ff.). Diese Vorschrift sei nur auf ***„offene Vernehmungen“*, nicht** aber auf ***„verdeckte Befragungen“*** anwendbar.

II. BESTEHEN EINES „*SELBSTSTÄNDIGEN BEWEISVERWERTUNGSVERBOTS*“ WEGEN VERLETZUNG DES *RECHTS AUF EIN „FAIRES VERFAHREN“* (Art. 6 I 1 EMRK) UNTER BESONDERER BERÜCKSICHTIGUNG DES „*GRUNDSATZES DER SELBSTBELASTUNGSFREIHEIT*“ („*NEMO-TENETUR-GRUNDSATZ*“)?

Abgesehen davon, dass gegen die Aushorchung eines Beschuldigten unter Ausnutzung der belastenden Situation einer Inhaftierung ohnehin Bedenken bestünden (vgl. BGH NJW 2009, 2463) sah der BGH im vorliegenden Fall jedenfalls eine **Verletzung des „*Rechts auf ein faires Verfahren*“ (Art. 6 I 1 EMRK)** unter besonderer Berücksichtigung des **„Grundsatzes der *Selbstbelastungsfreiheit*“ („*Nemo-tenetur-Grundsatz*“).**

Zwar sei ein „*Verdeckter Ermittler*“ berechtigt, unter Nutzung einer Legende selbstbelastende Äußerungen eines Beschuldigten entgegenzunehmen und auch an die Ermittlungsbehörden weiterzuleiten. Er sei aber **nicht befugt, den Beschuldigten zu solchen Äußerungen *zu drängen*** (vgl. BGHSt 52, 11).

Obwohl A in dem Gespräch mit P sofort erklärt habe, über das Thema nicht sprechen zu wollen, nach Ausflüchten gesucht und sich in seinen Äußerungen nicht festgelegt habe, sei er im weiteren Verlauf dieses Gesprächs einem **unzulässigen Aussagezwang** ausgesetzt worden. Dieser als **„Nötigung“ i.S.d. § 240 StGB** zu qualifizierenden Eingriff in die Freiheit der Willensentschließung und Willensbetätigung habe darin bestanden, dass der verdeckt ermittelnde P dem A suggeriert und gedroht habe, dass notfalls beide Frauen getötet würden, wenn er nicht seine Ehefrau identifiziere.

FALLENDE

Aufgrund eines derart schwerwiegenden Eingriffes in den ***„Kernbereich der Selbstbelastungsfreiheit“*** müsse dies zwingend zu einem **Beweisverwertungsverbot** hinsichtlich der Angaben des A gegenüber dem Polizeibeamten P führen.

FALL 11

Sachverhalt (vgl. OLG Jena 1 Ws 242/19, BeckRS 2019, 24214):

Der Beschuldigte B wurde verdächtigt, vor mehr als zwanzig Jahren aus sexuellen Motiven ein zehnjähriges Mädchen ermordet zu haben. Der wegen Sexualdelikten vorbestrafte B leugnete etwas mit dem Tod des Kindes zu tun zu haben. Nachdem andere Ermittlungsansätze nicht weiterführen, entschlossen sich die Strafverfolgungsbehörden, „Verdeckte Ermittler" (VE) einzusetzen. Die VE traten dem B gegenüber unter der Legende auf, einem internationalen „Mädchenhändlerring" anzugehören, der einen Fahrer für den Transport junger Frauen zum Zwecke der Prostitution innerhalb Europas suche. Im Zuge dessen drängten die VE den B - erfolglos - zur Offenbarung früherer Straftaten zum Nachteil junger Mädchen. Die Ermittlungsbehörden kontaktierten daraufhin den B telefonisch und konfrontierten ihn mit der Existenz eines zwischenzeitlich tatsächlich gegen ihn erlassenen Haftbefehls. Die zum Zeitpunkt des Telefonats bei B befindlichen VE boten dem hierdurch verunsicherten B an, einen Freiwilligen zu organisieren, der für ihn – B – ins Gefängnis gehen werde. Es handele sich dabei, so die VE, um eine an Krebs erkrankte Person, der es darum gehe, die Familie finanziell abgesichert zu wissen. Die Person benötige freilich für ein glaubhaftes Geständnis „Fakten". Hierauf erklärte B zunächst, er habe noch keinen Menschen umgebracht und könne daher keine Informationen liefern. Die VE ließen daraufhin nicht ab und bedrängen den B weiter, ihnen „ein paar Fakten" zu liefern. Auf Initiative der VE fuhren sie mit B zum Tatort und zum Leichenfundort, um dort über den Tathergang zu „brainstormen". Hier, so der spätere Bericht der VE, sei B genau an der Fundstelle der Leiche stehen geblieben und habe „in deren Richtung gestarrt". Am Folgetag wurde B verhaftet.
In dem Haftbefehl gegen B wurde der dringende Tatverdacht maßgebend darauf gestützt, dass er die Begehung der Tat gegenüber den VE „grundsätzlich" eingeräumt habe. Die Akten des Verfahrens wurden dem OLG nach sechs Monaten Untersuchungshaft zur Prüfung der Haftfortdauer von Amts wegen vorgelegt.

LÖSUNG

Bestehen eines *„selbsständigen Beweisverwertungsberbots"* wegen Verletzung des *„Rechts auf ein faires Verfahren"* (Art. 6 I 1 EMRK) unter besonderer Berücksichtigung des *„Grundsatzes der Selbstbelastungsfreiheit"* (*„Nemo-tenetur-Grundsatz"*)?

Das OLG hob den Haftbefehl gegen B mangels dringenden Tatverdachts auf, da die den „Verdeckten Ermittlern" (VE) gegenüber gemachten „selbstbelastenden" Angaben des B einem Beweisverwertungsverbot unterlägen.

I. VERSTOSS GEGEN DAS *„BEWEISERHEBUNGSVERBOT"* DES

1. § 163a IV 2 i.V.m. § 136a I 1 StPO?

Zwar sei der Einsatz von VE im vorliegenden Fall nicht schon im Grundsatz zu beanstanden, da insbesondere die erforderliche gerichtliche Zustimmung vorgelegen habe (vgl. §§ 110a, b StPO). Dementsprechend seien die von den eingesetzten VE aufgrund ihrer Wahrnehmungen von Äußerungen und/oder Reaktionen des Beschuldigten im Rahmen des hergestellten Vertrauensverhältnisses gewonnenen Erkenntnisse im Grundsatz verwertbar. Dass ein VE die Zielperson, gegen die er eingesetzt werde, über seine Identität täuschen - sich ihr also unter einer Legende nähern - dürfe (vgl. § 110a II StPO) und auch nicht gehalten sei, den Beschuldigten über sein Schweigerecht zu belehren, wenn dieser dazu ansetzt, über die Tat zu berichten, verstehe sich aus dem Wesen des von der Strafprozessordnung zugelassenen Einsatzes von VE und begegne auch mit Blick auf die verfassungsmäßigen und prozessualen Rechte des Beschuldigten keinen Bedenken.

II. BESTEHEN EINES *„SELBSSTÄNDIGEN BEWEISVERWERTUNGSBERBOTS“* WEGEN VERLETZUNG DES *„RECHTS AUF EIN FAIRES VERFAHREN“* (ART. 6 I 1 EMRK) UNTER BESONDERER BERÜCKSICHTIGUNG DES *„GRUNDSATZES DER SELBSTBELASTUNGSFREIHEIT“ („NEMO-TENETUR-GRUNDSATZ“)*?

Andererseits bedeute dies jedoch nicht – wie die ***Regelung des § 110c, 3 StPO*** zeige - dass im Rahmen des Einsatzes von VE auch solche Täuschungen erlaubt seine, die über die Nutzung der Legende hinausgingen.

Bei dem erwirkten Haftbefehl gegen B, verbunden mit der Offerte der VE gegenüber B, einen an Krebs erkrankten Dritten gegen Zahlung von Geld an seiner Statt gestehen zu lassen, habe es sich um eine ***„Falle"*** gehandelt, ***mit der die VE ihre gesetzlichen Befugnisse überschritten hätten. Das (angebliche) „Täterwissen", das B in dieser Situation gegenüber den VE offenbart haben soll, unterliege einem Beweisverwertungsverbot*** wegen **Verletzung des *„Rechts auf ein faires Verfahren“* (Art. 6 I 1 EMRK)** unter besonderer Berücksichtigung des **„Grundsatzes der *Selbstbelastungsfreiheit“ („Nemo-tenetur-Grundsatz“)***.

Zwar müsse ein VE ein Vertrauensverhältnis aufbauen, um, gestützt auf diese vermeintliche Vertraulichkeit, Angaben des Beschuldigten zu erlangen, den der VE nicht über das Schweigerecht belehren müsse. ***Missachte der VE allerdings das Recht des Beschuldigten zu schweigen und dränge ihn in einer vernehmungsähnlichen Situation beharrlich zu einer Aussage, verletze dies den „Nemo-tenetur-Grundsatz" und führe regelmäßig zu einem Beweisverwertungsverbot. Dabei wiege besonders schwer, dass die VE den B auch nach dessen wiederholter und beharrlicher Weigerung, „Fakten" zu liefern, zur „selbstbelastenden Tatrekonstruktion" massiv gedrängt hätten.*** Dass sich der zu diesem Zeitpunkt noch nicht förmlich als Beschuldigter vernommene B nicht (auch) ausdrücklich auf sein Aussageverweigerungsrecht berufen habe, ändere angesichts seiner zuvor bereits mehrfach und eindeutig bekundeten Haltung gegenüber den Strafverfolgungsbehörden nichts. Nach alledem unterlägen sämtliche im Rahmen dieser Vorgehensweise der VE gewonnenen Erkenntnisse einem umfassenden Beweisverwertungsverbot.

FALLENDE

Mithin hob das OLG den Haftbefehl gegen B mangels dringenden Tatverdachts auf und ordnete dessen unverzügliche Entlassung aus der Untersuchungshaft an.

b) durch Einsatz „*Privater*“ auf Veranlassung der Strafverfolgungsbehörden

FALL 12

Sachverhalt (vgl. BGH GSSt 1/96; BeckRS 9998, 167033)

Der Angeklagte A wurde wegen besonders schweren Raubes verurteilt. Nach den Urteilsfeststellungen hatte A das Tatopfer O in dessen Wohnung überfallen und unter Einsatz einer Waffe Geld entwendet. Das Gericht hat den die Tat bestreitenden A im Wesentlichen durch den Inhalt eines Telefongesprächs als überführt angesehen. Dieses hatten die Ermittlungsbehörden veranlasst, nachdem der Zeuge Z zuvor der Polizei mitgeteilt hatte, A habe ihm gegenüber seine Täterschaft eingeräumt.
Daraufhin baten die Ermittlungsbehörden den Zeugen Z, erneut telefonischen Kontakt mit A aufzunehmen. Dieses Telefonat hörte der Polizeibeamte P an einem Zweithörer ohne Wissen des Angeklagten mit. Die Bekundungen des P über den Inhalt dieses Telefonats wurden später dem Urteil zugrunde gelegt. Der Angeklagte hielt die Zeugenaussage des P wegen Verstoßes gegen § 163a IV 2 i.V.m. §§ 136, 136a StPO für unverwertbar. Zu Recht?

LÖSUNG

Die Verwertung der Aussage des A durch Vernehmung Polizeibeamten P in der Hauptverhandlung könnte auf Grund der unterbliebenen Beschuldigtenbelehrung rechtsfehlerhaft gewesen sein.

VERSTOSS GEGEN DAS „*BEWEISERHEBUNGSVERBOT*“ des

1. § 163a IV 2 i.V.m. §§ 136 I 2, 136a I 1 StPO?
§ 163a IV 2 i.V.m. §§ 136 I 2, 136a I 1 StPO sei, so der BGH, nicht unmittelbar anwendbar, da eine ***Vernehmung*** im Sinne dieser Vorschriften nur vorliege, wenn der Vernehmende dem Beschuldigten oder einem Zeugen ***„in amtlicher Eigenschaft gegenübertrete und in dieser Eigenschaft von ihm Auskunft verlange“.***
Dies sei vorliegend aber nicht der Fall gewesen, da Z bei dem Telefonat mit A diesem gerade nicht in offizieller amtlicher Eigenschaft als Ermittlungsbeamter gegenübergetreten sei **(vgl. hierzu auch die Ausführungen zu *Fall 4*).**

2. § 163a IV 2 i.V.m. §§ 136 I 2, 136a I 1 StPO *analog*?
Selbst wenn man in entsprechender Anwendung der §§ 136, 136a StPO den Begriff der „Vernehmung“ auf ***„vernehmungsähnliche Situationen“*** ausdehne, **fehle** es – **aufgrund der gebotenen *restriktiven Auslegung – insbesondere –* des § 136a StPO** (vgl. M-G/S § 136a Rn 12) – vorliegend an einer ***„Täuschungs-Äquivalenz“*** des Verhaltens der Ermittlungsbehörden.
Sinn und Zweck der Vorschriften sei es, durch die Belehrung dem Beschuldigten eindeutig bewusst zu machen, dass es ihm freistehe, nicht auszusagen, obwohl ihn ein Richter, Staatsanwalt oder Polizeibeamter in amtlicher Eigenschaft befrage. Das Belehrungsgebot solle sicherstellen, dass der Beschuldigte vor der irrtümlichen Annahme einer Aussagepflicht bewahrt werde, zu der er möglicherweise eben durch die Konfrontation mit dem amtlichen Auskunftsverlangen veranlasst werden könnte.

Der Sinn der Regelung werde daher nicht verletzt, wenn die Privatperson Z – sei es auch auf Veranlassung der Ermittlungsbehörden – den tatverdächtigen A in ein Gespräch zu ziehen und von ihm Äußerungen zu erlangen suche, durch die A sich gegebenenfalls selbst belaste.
Es liege auf der Hand, dass sich der A in dieser Situation nicht durch die Autorität des Befragenden Z zu seiner Äußerung veranlasst sehen konnte. A wusste, dass er sich – wie auch sonst gegenüber einem beliebigen Dritten – nicht zu äußern braucht.
Mit der Beeinträchtigung der Willensentschließung und -betätigung durch Misshandlung, durch Ermüdung, durch körperlichen Eingriff, durch Verabreichung von Mitteln oder durch Quälerei lasse sich das Telefonat des A mit dem Zeugen Z nicht gleichstellen. *Vielmehr handele es sich um einen Fall* ***„kriminalistischer List"*** (vgl. M-G/S § 136a Rn 15), bei der lediglich ein bestehender Irrtum des A ausgenutzt worden sei. Denn wenn A davon ausgegangen sei, er unterhalte sich mit einer Privatperson, so habe er auch gewusst, dass er dieser gegenüber nicht zu – belastenden – Angaben verpflichtet sei. Dies gelte jedenfalls deshalb, weil **einerseits** A ***nicht inhaftiert*** gewesen sei, **andererseits** sich die ***Privatperson Z aus freien Stücken zum Anruf beim Beschuldigten bereiterklärt*** habe und A ***auch sonst in keiner Weise zu seiner Aussage*** durch P ***gedrängt*** worden sei (vgl. BGH NStZ 2011, 596; M-G/S § 136a Rn 4a).

Mithin unterlagen die während des Telefonats mit Z gemachten Angaben des A keinem Beweisverwertungsverbot und konnten im Urteil verwertet werden.

Damit hat der Große Senat des BGH (vgl. BGHSt 42, 139) die sog. ***„Hörfallen-Problematik"*** letztlich dahingehend entschieden, dass der Inhalt des Gesprächs im Zeugenbeweis **jedenfalls dann verwertet** werden dürfe, wenn es um die Aufklärung einer ***Straftat von erheblicher Bedeutung*** gehe **und** die ***Erforschung des Sachverhalts unter Einsatz anderer Ermittlungsmethoden erheblich weniger Erfolg versprechend oder wesentlich erschwert*** gewesen wäre **(*„Subsidiaritäts-Grundsatz"*).** Anhaltspunkte für eine Straftat von erheblicher Bedeutung ließen sich, so der BGH, aus der – nicht abschließenden – ***Aufzählung in den §§ 98a I, 100a II, 110a I StPO*** entnehmen.

FALLENDE

c) auf Eigeninitiative *„Privater"*

FALL 13

Sachverhalt (vgl. BGH 3 StR 230/16; BeckRS 2016, 120728)

Nachdem der Angeklagte A in anderer Sache Anfang April 2014 in Untersuchungshaft genommen worden war, bekundete der ehemalige Zellengenosse am 15.04.2014 gegenüber der Polizei, ihm gegenüber habe A geständige Andeutungen zu einem von ihm begangenen Mord gemacht. Kurze Zeit später, am 22.04.2014, erhielt die Polizei von einem Zeitungsredakteur einen Hinweis darauf, dass A auch gegenüber dem Mithäftling Z diese Tat gestanden habe. Aufgrund dieser Geschehnisse wurde Z von einem Polizeibeamten aufgesucht. Bei diesem ersten Gespräch offenbarte Z, dass er die Tat aufklären wolle und A bereits fast „geknackt" habe. Hierfür habe er auch den Mithäftling H in sein Vorhaben eingeweiht, damit er das Vertrauen des A gewinnen könne. Unter der „Legende", sie seien Organhändler, hätten Z und H den A dann während gemeinsamer Umschlusszeiten unter Vorspiegelung des Angebots, ihm bei der Beseitigung der bis dahin nicht aufgefundenen Leiche behilflich zu sein, gezielt zur hiesigen Tat befragt. Nachdem die beiden Häftlinge Z und H ihr Wissen über die Äußerungen des A, wozu auch ein auf den 01.05.2014 datiertes schriftliches „Geständnis" des A gehörte, stückweise den Ermittlungsbehörden weitergegeben hatten, führten die Ermittlungen zum Auffinden der Leiche und schließlich zur Erhebung der Anklage gegen A wegen Mordes. Den Akten ließen sich keine Hinweise darauf entnehmen, dass die Ermittlungsbehörden die genannten Zeugen Z und H in irgendeiner Weise zu deren Vorgehen veranlasst, sie dabei gefördert, unterstützt, bestärkt oder sonst beeinflusst hätten. Vielmehr versicherten die beiden Mithäftlinge des A glaubhaft, selbst auf die Idee gekommen zu sein, das Vertrauen des A zu gewinnen und ihn so zu geständigen Angaben zu veranlassen. Informationen zu der von A begangenen Tat hätten sie demnach auch nicht von der Polizei erhalten, sondern ausschließlich aus den Medien gewonnen. Eine tatsächliche Gewährung von Vergünstigungen sei ebenfalls nicht erfolgt. Unter Verwertung der Zeugenaussagen des Z und des H wurde A durch das LG wegen Mordes verurteilt. Zu Recht?

LÖSUNG

Aufgrund des **BESTEHEN EINES *„SELBSTSTÄNDIGEN BEWEISVERWERTUNGSVERBOTS"* WEGEN VERLETZUNG DES *„RECHTS AUF EIN FAIRES VERFAHREN"* (Art. 6 I 1 EMRK) UNTER BESONDERER BERÜCKSICHTIGUNG DES *„GRUNDSATZES DER SELBSTBELASTUNGSFREIHEIT" („NEMO-TENETUR-GRUNDSATZ")*** könnte die Verwertung der in der Hauptverhandlung gemachten Aussagen der Zeugen Z und H rechtsfehlerhaft gewesen sein?

Der BGH bestätigte die Verurteilung des Angeklagten A wegen Mordes und stellte dabei fest, dass ein Beweisverwertungsverbot in Bezug auf die durch die Mithäftlinge des Angeklagten gemachten Angaben **mangels eines den Ermittlungsbehörden zurechenbaren Vorgehens der Zeugen** Z und H **nicht bestanden** habe. Zur Begründung führte der BGH aus, dass die Ermittlungsbehörden die Zeugen Z und H **in keiner Weise zu deren Vorgehen veranlasst, sie dabei gefördert, unterstützt, bestärkt oder sonst beeinflusst** hätten, sondern vielmehr sich darauf beschränkt hätten, die durch das **auf Eigeninitiative beruhende Handeln der Zeugen** Z und H gewonnenen Informationen lediglich abzuschöpfen. Darin sei keine den Ermittlungsbehörden zurechenbare, den ***„Nemo-tenetur-Grundsatz"*** verletzende Informationsgewinnung zu sehen. Allein das Entgegennehmen von belastenden Informationen durch die Ermittlungsbehörden, die ein Zeuge durch Täuschung des Beschuldigten erlangt habe, führe nicht deshalb zu einem Beweisverwertungsverbot. Eine Pflicht, dies zu unterbinden, träfe die Ermittlungsbehörden grundsätzlich nicht. Darüber hinaus sei auch nicht festgestellt, dass den beiden Mithäftlingen des A eine Haftverschonung oder sonstige Vergünstigungen zugesagt oder gewährt worden seien. Damit stelle sich der Sachverhalt als ein typischer Fall der Beweiserlangung durch Private ohne staatliche Einmischung dar, bei der eine Verwertung grundsätzlich zulässig sei. Ausnahmen hiervon bestünden nur für den Fall schwerwiegender Menschenrechtsverletzungen, etwa wenn ein Privater durch qualvolle Folterung ein Geständnis erpresst habe, wofür vorliegend freilich keinerlei Anhaltspunkte bestünden.

Anmerkung

1. *„Polizei - Spitzel"* im Haftraum

Anders liegt der Fall, sofern die ***Strafverfolgungsbehörden*** einen Mithäftling als ***„Spitzel"*** in die Haftzelle des Tatverdächtigen mit dem Ziel der Beweiserlangung verlegen.
Eine Verwertung des gegenüber dem Mitgefangenen Bekundeten sei, so der BGH, dann ausgeschlossen, da die Angaben in diesem Falle unter **Verletzung des § 163a IV 2 i.V.m. § 136a I 1 StPO** zustande gekommen seien **und die Bedingungen, unter denen die Aussage des Tatverdächtigen erfolgte, dem Staat zugerechnet werden müssten** (vgl. BGHSt 34, 362). Der BGH begründete dies damit, dass die Strafverfolgungsorgane die Freiheit der Willensentschließung des Tatverdächtigen durch unzulässigen Zwang beeinträchtigt hätten. Zwar würden die genannten Vorschriften direkt nur für *„offizielle Vernehmungen"* gelten. Jedoch seien sie entsprechend auf den Fall anzuwenden, dass Strafverfolgungsbehörden mit verbotenen Mitteln auf den Tatverdächtigen einwirkten, damit er gegenüber einer Privatperson, die später als Zeuge vernommen werden soll, bestimmte Angaben zu einer Tat mache. Das **an sich zulässige Zwangsmittel der Untersuchungshaft dürfe nicht dazu missbraucht werden, die in der Haftsituation reduzierten Möglichkeiten, sich der Einflussnahme eines Polizeispitzels zu entziehen, zur Herbeiführung selbstbelastender Äußerungen auszunutzen.** Die Ausnutzung der Situation des Beschuldigten in der Untersuchungshaft stelle also die **Ausübung von – zu diesem Zweck – unzulässigem Zwang** dar und begründe damit ein **Verwertungsverbot gem. § 136 III 2 StPO analog** (vgl. BGHSt 34, 362).

Anders liegt allerdings der Fall, wenn im Rahmen einer Haftvorführung des Beschuldigten sich dieser zu dem Vorführgegenstand gegenüber seinem Verteidiger äußert, diese Äußerung von den anwesenden Polizeibeamten mitgehört und – nach Vernehmung der Vorführbeamten in der Hauptverhandlung – im Urteil gegen den Angeklagten verwertet wird.
Zwar sei dem Beschuldigten, so der BGH **(vgl. BGH 2 StR 485/17; BeckRS 2018, 22950)**, ***zur Ermöglichung einer wirkungsvollen Verteidigung*** **(Art. 6 III b EMRK)**, auch wenn er sich nicht auf freiem Fuß befinde, ***ungestörter schriftlicher und mündlicher Verkehr mit dem Verteidiger gestattet*** **(§ 148 I StPO)**. Der ***Strafverteidiger müsse zu seiner Kommunikation mit dem Beschuldigten im Strafverfahren keine Angaben machen*** **(§ 53 I StPO)**, ***sein Aussageverweigerungsrecht werde durch ein Beschlagnahmeverbot für diesbezügliche Unterlagen flankiert*** **(§ 97 I StPO)** und die ***Verteidigerkommunikation unterliege nicht der staatlichen Überwachung*** **(§ 160a StPO)**.
Gleichwohl vertritt der BGH – entgegen der Ansicht der Verteidigung, wonach bereits das Mithören der Äußerung durch die Vorführbeamten § 148 I StPO verletze und daher ein Beweisverwertungsverbot zur Folge haben müsse, die Auffassung, dass die ***Vertraulichkeit der Verteidigerkommunikation nicht durch Strafverfolgungsorgane verletzt werde, wenn sich der Beschuldigte in erkennbarer Anwesenheit von Ermittlungsbeamten gegenüber dem Verteidiger in einer Weise äußere, dass dies ohne Weiteres wahrgenommen werden könne***. Die ***Wahrnehmung der Äußerung durch die anwesenden Polizeibeamten könne mithin rechtsfehlerfrei im Strafverfahren als Beweismittel verwertet*** werden.

2. „*Wahrsagerinnen* - Fall"

Einen weiteren, kuriosen Fall unzulässiger Zusammenarbeit der Ermittlungsbehörden mit einem Haftspitzel bildete der sog. ***„Wahrsagerinnen-Fall"*** (vgl. BGHSt 44, 129). Dort hatte eine Inhaftierte die wegen Mordverdachts in U-Haft sitzende Beschuldigte durch die Vortäuschung, die Zukunft aus dem Kaffeesatz und Zigarettenasche lesen zu können, dazu gebracht, ihr gegenüber mündlich und schriftlich über das Tatgeschehen zu berichten. Das hierdurch erlangte Wissen gab sie an die Strafverfolgungsbehörden weiter, wobei sie bereits seit sieben Jahren mit der Polizei auf diese Weise zusammenarbeitete.

Auch hier verneinte der BGH eine Verwertbarkeit, indem er davon ausging, dass es der Schutzzweck des § 136a StPO gebiete, in entsprechender Anwendung der Norm ein Verwertungsverbot dann anzunehmen, wenn sich staatliche Behörden die in § 136a I, II StPO beschriebenen Verhaltensweisen Privater zurechnen lassen müssten. Insofern dürfe der von der U-Haft ausgehende – im Grundsatz zulässige – Zwang, der der Durchführung eines geordneten Strafverfahrens dienen solle, **nicht dazu missbraucht werden, die Aussage des Beschuldigten zu beeinflussen und ihn dazu zu veranlassen, von seinem Schweigerecht keinen Gebrauch zu machen.** Im Unterschied zur ***„Hörfallen-Entscheidung"*** seien hier insbesondere die **Zwangsbedingungen der U-Haft** sowie die Tatsache zu berücksichtigen, dass die Polizei **unter Ausnutzung dieser Umstände mit dem „Haftspitzel" regelrecht zusammenarbeite.**

FALLENDE

FALL 14

Sachverhalt (vgl. BGH 3 StR 400/10; BeckRs 2011, 14181)

Der Angeklagte A hatte gemeinsam mit dem Ehemann der Zeugin Z Drogengeschäfte abgewickelt. Nachdem ihr Ehemann zu einer Haftstrafe wegen Betäubungsmitteldelikten verurteilt worden war, wollte die Zeugin ihm die Vorteile der „Kronzeugenregelung" (§ 31 BtmG) sichern.

Freiwillig bot Z den Ermittlungsbehörden an, bei der Überführung des A mitzuwirken. Dazu suchte Z den nicht inhaftierten A auf und spiegelte ihm vor, ihr Ehemann habe ihr in der Haft von den gemeinsam mit dem Angeklagten begangenen Taten erzählt. Sie wolle nun wissen, ob ihr Ehemann gelogen habe. Dabei sicherte die Zeugin zu, das Gespräch vertraulich zu behandeln. Der Angeklagte machte daraufhin ihn belastende Angaben. Diese wurden von Z mittels von der Polizei zur Verfügung gestellten Geräten heimlich aufgezeichnet.

Das Tatgericht verurteilte den Angeklagten unter anderem auf Grund der Gesprächsaufzeichnungen mit der Zeugin. In der Revision rügte A die Verwertung der Aufzeichnungen, die auf Grundlage eines rechtmäßig ergangenen Beschlusses nach § 100f StPO angefertigt worden waren.

LÖSUNG

Die Verwertung der gegenüber der Zeugin Z gemachten Angaben des A könnte wegen Verstoßes gegen ein „*Beweiserhebungsverbot*" rechtsfehlerhaft gewesen sein.

I. VERSTOSS GEGEN DAS „*BEWEISERHEBUNGSVERBOT*" DES

1. § 163a IV 2 i.V.m. § 136 I 2 StPO?

Nach Ansicht des BGH lag kein Verstoß gegen die Belehrungspflicht aus **§ 163a IV 2 i.V.m. § 136 I 2 StPO** vor, weil diese Vorschrift **nicht auf „*verdeckte Befragungen*" *auf Eigeninitiative einer Privatperson* anwendbar** sei.

2. § 163a IV 2 i.V.m. § 136a I 1 StPO?

Auch ein Verstoß gegen das Verbot der **„*Täuschung*"** aus **§ 163a IV 2 i.V.m. § 136a I 1 StPO** liege nicht vor, weil die **„*verdeckte Befragung*"** durch Z **nicht mit den restriktiv auszulegenden Alternativen der Beeinträchtigung der Willensfreiheit vergleichbar** sei.

II. BESTEHEN EINES „*SELBSTSTÄNDIGEN BEWEISVERWERTUNGSVERBOTS*" WEGEN VERLETZUNG DES „*RECHTS AUF EIN FAIRES VERFAHREN*" (Art. 6 I 1 EMRK) UNTER BESONDERER BERÜCKSICHTIGUNG DES „*GRUNDSATZES DER SELBSTBELASTUNGSFREIHEIT*" („*NEMO-TENETUR-GRUNDSATZ*")?

Auch sei kein Verstoß gegen den **„Grundsatz eines *fairen Verfahrens*" (Art. 6 I 1 EMRK)** bzw. gegen den **„*Nemo-tenetur-Grundsatz*"** gegeben. Es lägen keine Anhaltspunkte dafür vor, dass das vom Angeklagten ausdrücklich ausgeübte Schweigerecht durch den Einsatz der Zeugin als Informantin der Polizei gezielt unterlaufen worden sei.

Hinzu komme, dass sich der Angeklagte im Zeitpunkt des Gesprächs mit der Zeugin in Freiheit befand. Der Angeklagte habe sich demnach **nicht in einer Situation befunden, in der er sich dem psychischen Druck ausgesetzt gesehen habe, sich mit der Zeugin unterhalten zu müssen.** Vielmehr sei das Gespräch vollständig freiwillig erfolgt und der Angeklagte habe sich der Zeugin jederzeit ohne Weiteres entziehen können.

Schließlich wiege das heimliche Vorgehen der Ermittlungsbehörden hier deshalb weniger schwer, weil sich die **Zeugin von sich aus der Polizei als Informantin zur Verfügung gestellt habe und von dieser nicht angeleitet,** sondern nur mit technischen Mitteln zur Aufzeichnung des Gesprächs ausgestattet worden sei.
Mithin durften die auf Grundlage des Beschlusses nach § 100f StPO angefertigten Gesprächsaufzeichnungen dem Urteil auch zugrunde gelegt werden.

In einer neueren Entscheidung bestätigt der BGH diese Rechtsansicht (vgl. NStZ-RR 2019, 186), wonach es nicht zu beanstanden sei, dass das Tatgericht von der durch die Nebenklägerin gem. § 100f StPO heimlich angefertigten Audioaufzeichnung des mit dem Angeklagten geführten Telefongesprächs zu Beweiszwecken Gebrauch gemacht habe. Diese Vorgehensweise begründe ***nach Abwägung der widerstreitenden Interessen kein Beweisverwertungsverbot, da Gespräche, die Angaben über konkret begangene Straftaten enthielten, nicht zum unantastbaren Kern privater Lebensgestaltung gehörten*** (vgl. BVerfGE 109, 279; 319).

Mit diesen beiden Entscheidungen werden letztlich die vom BGH in der ***„Hörfallen-Entscheidung“*** aufgestellten Grundsätze bekräftigt, wonach eine durch Täuschung erschlichene Selbstbelastung jedenfalls dann keinen Verstoß gegen die Belehrungspflicht oder gegen das Täuschungsverbot oder gegen den *„Nemo tenetur - Grundsatz“* darstelle, **wenn der Betroffene von seinem Schweigerecht noch keinen Gebrauch gemacht habe, kein staatlicher Zwang ausgeübt werde und es auch an einer Initiierung von staatlicher Seite fehle**, seine Angaben vielmehr im Rahmen eines freiwilligen Gesprächs stattfänden, in dem der Tatverdächtige sich keinerlei psychischem Druck ausgesetzt sehen müsse **(sog. *„Zulässige Heimlichkeit“*)**.

Schließlich ***stünde***, so der BGH (vgl. BGH 5 StR 175/20) – ***selbst wenn Videoaufnahmen von einem Privaten rechtswidrig erfolgt wären – dieser Umstand ihrer Verwertbarkeit im vorliegenden Strafverfahren wegen Mordes nicht entgegen*** (vgl. a. BGH NStZ 2019, 227).

III. AUSNAHME: *„BEWEISVERWERTUNGSVERBOT“* BEI *SCHWEREN MENSCHENRECHTSVERLETZUNGEN*

Werde demgegenüber ein Beweismittel ***auf Eigeninitiative einer „Privatperson“ unter Begehung einer Straftat*** erlangt (z.B. unter Verstoß gegen § 201 I Nr. 1 StGB durch Herstellung einer Tonbandaufnahme, die eine Privatperson über ein zwischen ihr und dem Beschuldigten geführtes Gespräch ohne dessen Wissen und zwecks späterer Erpressung angefertigt hat), so sei die **Verwertbarkeit jedenfalls dann ausgeschlossen, wenn das Beweismittel durch eine schwere Menschenrechtsverletzung gewonnen worden sei,** z.B. durch ein durch Folter erlangtes Geständnis.

Stelle die Verwertung ihrerseits eine (erneute) Verletzung des Persönlichkeitsrechts dar (z.B. wegen Verstoßes gegen § 201 I Nr. 2 StGB), so hänge die Rechtmäßigkeit der Verwertung von der Intensität des Eingriffs einerseits und der Bedeutung des aufzuklärenden Tatvorwurfs andererseits ab. Sei die Tonbandaufnahme z.B. nicht dem **Kernbereich des Persönlichkeitsrechts** zuzuordnen **und** sei ihre **Verwertung zur Aufklärung einer schwerwiegenden Straftat erforderlich,** so will der BGH ihre Verwertung zulassen (vgl. BGHSt 36, 167).

Diese Rechtsansicht wird im Grundsatz auch durch die Rechtsprechung des ***BVerfG*** zum **Ankauf von Steuerdaten-CDs aus *„Steueroasen“* (*„Lichtenstein“*)** bestätigt. Danach sei die **Verwertung *„privatdeliktisch“* beigebrachten Materials nicht per se unzulässig** (vgl. BVerfGE 34, 238). Zum einen berühre die Datengewinnung nicht den ***„Kernbereich privater Lebensgestaltung“,*** sondern betreffe lediglich geschäftliche Kontakte des Beschuldigten mit Kreditinstituten. Ferner sei von Privatpersonen – selbst unter Begehung von Straftaten – ermitteltes Beweismaterial nicht grundsätzlich unverwertbar. Eine Unverwertbarkeit „privatdeliktisch“ beigebrachten Beweismaterials sei ausnahmsweise nur dann anzunehmen, wenn die ***Beweisbeschaffung des Privaten extrem menschenrechtswidrig*** war, die ***Verwertung des Materials*** einen ***eigenen und ungerechtfertigten Grundrechtseingriff*** darstellt bzw. das privatdeliktische Vorgehen ***durch die Ermittlungsbehörden gezielt ausgelöst*** wurde (vgl. LG Düsseldorf

NStZ-RR 2011, 84). Keiner dieser Ausnahmefälle war nach Ansicht des BVerfG im *„Lichtensteiner-Steueroasen-Fall* jedoch gegeben: Die Entwendung von Bankdaten könne offenkundig nicht als „extrem menschenrechtswidrig" eingestuft werden. Der in einer gerichtlichen Verwertung der Daten bestehende Grundrechtseingriff wäre durch die Befugnisnorm des § 244 II StPO gerechtfertigt und angesichts des Strafverfolgungsinteresses bei erheblichen Steuerdelikten auch verhältnismäßig. Schließlich handelte es sich hierbei auch nicht um eine staatlich initiierte Beweiserhebung durch einen Privaten, sondern um von einer Privatperson ermitteltes Datenmaterial, weil sich der Informant von sich aus, aus eigenem Antrieb an die Finanzverwaltung gewandt habe und der Kontakt auf seine Initiative hin zustande gekommen sei.

FALLENDE

CHECKLISTE

ZU DEN FÄLLEN 9 – 14
Diese Stichpunkte sollten Sie sich einprägen:

- ☑ „Vernehmungsähnliche Situation"
- ☑ Abgrenzung zwischen „Täuschung" und „Kriminalistischer List"
- ☑ „Hörfalle"
- ☑ „Polizeispitzel im Haftraum"

II. VERBOTENE VERNEHMUNGSMETHODEN (§ 136a StPO)

FALL 15

Sachverhalt (vgl. LG Frankfurt/M 5/22 Ks 3490 Js 230118/02; BeckRS 2003, 11710)

Dem Angeklagten A, der ein Kind entführt hatte, war während seiner Vernehmung durch den Kriminalbeamten K damit gedroht worden, man werde ihm Schmerzen zufügen, wenn er nicht den Ort verrate, an dem er das Kind versteckt habe; der zuständige Beamte ging davon aus, dass das Opfer möglicherweise noch lebte, aber in Lebensgefahr sei und noch gerettet werden könne. Aufgrund des angedrohten Zwangs verriet der A den Aufenthaltsort des (allerdings bereits verstorbenen) Opfers. In der nachfolgenden Vernehmung durch die Ermittlungsrichterin R wurde A zwar ordnungsgemäß gem. § 136 I 2 StPO über sein Aussageverweigerungsrecht belehrt. Darüber hinaus wurde er aber nicht dahingehend aufgeklärt, dass seine ersten Angaben aus der Vernehmung durch K nicht verwertet werden dürften.
Durften die Angaben des A aus dem Ermittlungsverfahren sowie die daraufhin aufgefundenen weiteren Beweismittel im Urteil verwertet werden?

LÖSUNG

Vorliegend ist zu unterscheiden zwischen

(1) der Verwertbarkeit der gegenüber dem Kriminalbeamten K und der Ermittlungsrichterin R gemachten Aussagen des Beschuldigten
(2) der Verwertbarkeit der daraufhin aufgefundenen weiteren Beweismittel.

Zu (1)

I. BESTEHEN EINES „*BEWEISVERWERTUNGSVERBOTES*“ GEM. § 163 IV 2 i.V.m. § 136a III 2 StPO WEGEN ANWENDUNG EINER VERBOTENEN VERNEHMUNGS-METHODE i.S.d. § 136a I 1 StPO?

Nach § 136a I 1 StPO darf die Freiheit der Willensentschließung und der Willensbetätigung des Beschuldigten während einer Vernehmung z.B. nicht durch Misshandlungen und Quälerei oder ähnliche verbotene Vernehmungsmethoden beeinträchtigt werden; auch die Androhung derartiger Maßnahmen ist unzulässig. Infolge der Androhung der Ausübung „*Unmittelbaren Zwangs*“ gegenüber dem Beschuldigten durch den Kriminalbeamten K unterlagen die in der polizeilichen Vernehmung gegenüber K gemachten Angaben des A zweifelsfrei einem ***„absoluten Beweisverwertungsverbot“*** gem. § 163a IV 2 i.V.m. § 136a III 2 StPO.

II. „*FORTWIRKUNG*“ DES BEWEISVERWERTUNGSVERBOTS?

In der Rechtsprechung (vgl. BGH StV 1996, 360) und der Literatur (vgl. Neuhaus NStZ 1997, 314) besteht weitgehend Einigkeit darüber, dass – hat der Beschuldigte zunächst einmal unter dem Einfluss einer verbotenen Vernehmungsmethode ausgesagt – seine späteren Aussagen, auf die das gesetzwidrige Mittel noch Einfluss haben könnte, ebenfalls unverwertbar sind. Insoweit ist anerkannt, dass ein ursächlicher Zusammenhang zwischen der verbotenen Vernehmungsmethode und den Bekundungen der Aussageperson z.B. auch dann anzunehmen ist, wenn zwar bei der späteren Vernehmung selbst nicht gegen § 136a I, II StPO verstoßen wurde, sich jedoch frühere Beeinträchtigungen der Entschließungsfreiheit der Aussageperson, hier also des Beschuldigten, einschlägig ausgewirkt haben (vgl. BGH StV 1996, 360). Man spricht dann von der sog. ***„Fortwirkung“*** **eines Beweisverwertungsverbots.**

III. HEILUNG DURCH „*QUALIFIZIERTE BELEHRUNG*“

Bei einem Verstoß gegen § 136a I, II, StPO soll von einer „*Fortwirkung*“ aber nicht quasi automatisch auszugehen sein, sondern diese sei **nur unter besonderen Umständen des jeweiligen Einzelfalls** anzunehmen (vgl. BGHSt 22, 129). Habe der Beschuldigte im Rahmen einer Vernehmung zunächst ohne Belehrung ausgesagt oder ein Geständnis abgelegt und sage er nach ordnungsgemäßer Belehrung erneut aus, so dürfe die spätere Aussage verwertet werden (vgl. BGHSt 22, 129; 27, 355; 37, 48), sofern die frühere Aussage bestätigt werde und der zweiten Aussage eine sog. ***„qualifizierte Belehrung“*** dahingehend vorausgegangen sei, dass der Beschuldigte ergänzend zur Belehrung nach § 136 I 2 StPO darauf hingewiesen wurde, dass wegen Bestehens eines Beweisverwertungsverbots seine frühere Aussage unverwertbar sei (vgl. BGHSt 53, 112).

Die „*qualifizierte Belehrung*“ setze unabdingbar voraus, dass dem Beschuldigten bei seiner späteren Vernehmung bewusst gemacht werde, unter rechtlichen Gesichtspunkten nunmehr erstmalig und ohne Bindung an die Angaben aus der vorhergehenden Vernehmung auszusagen (vgl. BGH NStZ 1988, 419). Dem zuvor bereits geständigen Beschuldigten solle damit der Eindruck genommen werden, dass ihm – wolle er seine Verteidigungsposition für ihn günstig gestalten – nun gar keine andere Möglichkeit verbleibe, als das frühere Geständnis zu wiederholen, da man ihn sonst an dem früheren Geständnis festhalten könnte. Ihm müsse klar sein, dass er seine Entscheidung, zur Sache auszusagen oder zu schweigen, völlig neu treffen könne. Unter diesen Voraussetzungen sei mithin die **Heilung** des der ersten Vernehmung anhaftenden Makels **durch eine *„qualifizierte Belehrung"*** möglich.

Werde der Beschuldigte **bei der zweiten Vernehmung zwar nach § 136 I 2 StPO, nicht aber *„qualifiziert belehrt"*,** sei über die Frage der Verwertbarkeit der neuen Aussage durch **Abwägung im Einzelfall** zu entscheiden, wobei es auf die Intensität des Verstoßes (z.B. Willkür oder Versehen) einerseits und auf das durch die Schwere des Tatvorwurfs bestimmte Aufklärungsinteresse andererseits ankomme (vgl. BGHSt 53, 112). Dabei komme die Annahme einer ***„Fortwirkung"*** im Allgemeinen umso weniger in Betracht, **je länger die wegen Verstoßes gegen § 136a I, II StPO unverwertbare frühere Aussage zurückliege** (vgl. BGH NStZ 95, 462; Beck-OK, § 136a Rn 31 bei vorangegangener Drohung/Quälerei) und je weniger einschneidend die Beeinträchtigung der Willensfreiheit gewesen sei. Umgekehrt spreche eher für eine *„Fortwirkung"*, wenn der Beschuldigte bei der späteren Vernehmung nicht von sich aus im Zusammenhang berichte, sondern **auf Vorhalt nur seine früheren Aussagen pauschal bestätige oder auf sie Bezug nehme.** Bei der Abwägung sei ebenfalls zu berücksichtigen, dass einem **Verstoß gegen die Pflicht zur *„qualifizierten Belehrung"* grundsätzlich nicht das gleiche Gewicht** zukomme **wie ein Verstoß gegen § 136 I 2 StPO** (vgl. BGH NStZ 2009, 702; **vgl. hierzu auch die Ausführungen zu *Fall 7*);** ferner, ob die Belehrungspflicht, z.B. **durch eine Vernehmung des Beschuldigten *„als Zeuge"*, bewusst umgangen** worden sei und ob sich aus den Umständen des Falles ergebe, dass der **Vernommene davon ausgegangen sei, von seinen vor der Beschuldigtenbelehrung gemachten Angaben als Zeuge bei seiner weiteren Vernehmung als Beschuldigter nicht mehr abrücken zu können** (vgl. BGHSt 53, 112).
Vorliegend wurde A in der späteren Vernehmung durch die Ermittlungsrichterin R nicht *„qualifiziert belehrt"*. Mithin hatte die ***„Fortwirkung"* des Beweisverwertungsverbots** zur Folge, dass nicht nur die während der Vernehmung durch den K protokollieren ersten Angaben des Beschuldigten einem Verwertungsverbot unterlagen, sondern dieser Verstoß gegen § 136a I, II StPO auch für die während der Vernehmung durch die Ermittlungsrichterin R gemachte Aussage des A galt und gleichfalls zu ihrer Unverwertbarkeit führte.

Zu (2)
***„Fernwirkung"* des Beweisverwertungsverbots?**

Die Beantwortung der Frage, ob die aufgrund der gem. § 163 IV 2 i.V.m. § 136a III 2 StPO unverwertbaren Aussage des A aufgefundenen weiteren Beweismittel gleichfalls unverwertbar sind, ist *umstritten* **(sog. *„Fernwirkung* eines Beweisverwertungsverbots").**

Literatur
In der **Literatur** wird teilweise eine sog. *„Fernwirkung des Verwertungsverbots"* grundsätzlich bejaht (vgl. Joecks, Einl. Rn 229). Zur Begründung wird die Notwendigkeit einer Disziplinierung rechtswidrig handelnder Ermittlungsbeamter angeführt

(ähnlich der im nordamerikanischen Strafprozess geltenden ***„fruit-of-the-poisonous-tree-doctrine"***) und darauf hingewiesen, dass durch die Fernwirkung den Behörden jeder Anreiz für eine Umgehung der Beweiserhebungsvorschriften genommen werden solle.

Da nichts dafür sprach, dass die Aussage des *A* auch unabhängig von den unverwertbaren Angaben von *Z* erlangt worden wäre, erfasst das Beweisverwertungsverbot nach dieser Auffassung auch die Aussage des *A*.

Rechtsprechung
Der **BGH** lehnt dagegen eine *„Fernwirkung"* – jedenfalls bei den meisten Verfahrensverstößen (vgl. hierzu BGHSt 29, 244 *zu § 7 III G10*) – ab (vgl. M-G/S Einl. Rn 57). Rechtswidrigem Verhalten von Ermittlungsbeamten sei durch materiell-strafrechtliche Sanktionen (z.B. § 343 StGB) zu begegnen, sie könnten aber nicht den Untersuchungsgrundsatz suspendieren. Nach Auffassung des *BGH* dürfe ein Verfahrensfehler, der ein Verwertungsverbot *für ein einzelnes Beweismittel* herbeiführe, **nicht ohne Weiteres dazu führen, dass *das gesamte Strafverfahren lahmgelegt* werde** (vgl. BGHSt 27, 355). Diejenigen Beweismittel müssten jedenfalls dann auch verwertbar sein, wenn die Ermittlungsbehörden sie (höchstwahrscheinlich) auch ohne Verfahrensverstoß erlangt hätten **(sog. *„Hypothetisch rechtmäßiger Ermittlungsverlauf"*).**

Für den hier vorliegenden Fall eines Verstoßes gegen § 136a StPO lehnt die Rechtsprechung eine Fernwirkung ab (vgl. BGHSt 34, 362).

Vermittelnde Ansicht
Nach einer **vermittelnden Ansicht** soll **im jeweiligen Einzelfall zwischen dem Gewicht des ursprünglichen Verfahrensverstoßes und der Schwere der begangenen Tat abgewogen** werden (vgl. Beulke StPO, Rn 482). Im Rahmen einer solchen Abwägung seien neben dem **Schutzzweck der verletzten Norm** auch die **grundrechtliche Relevanz des Verfahrensverstoßes,** die **Bedeutung der zu ermittelnden Straftat** und die **Möglichkeit einer Erlangung des Beweismittels auf rechtmäßigem Weg** zu berücksichtigen.

LG Frankfurt
Das LG schloss sich in seiner Entscheidung der vermittelnden Auffassung an, wonach eine Abwägung im Einzelfall vorzunehmen und neben der Schwere der aufzuklärenden Tat insbesondere zu berücksichtigen sei, ob in besonders grober Weise gegen die Rechtsordnung, namentlich gegen Grundrechtsnormen verstoßen wurde. Da die Abwägung zwischen der Schwere des Eingriffs in Grundrechte des A – im vorliegenden Fall die Androhung körperlicher Gewalt – und der Schwere der ihm vorgeworfenen und aufzuklärenden Tat – vollendete Tötung eines Kindes – die Unverwertbarkeit der infolge der Aussage des A bekanntgewordenen Beweismittel (Auffinden des Leichnams des Kindes und Ergebnisse der Obduktion) – im Sinne materieller Gerechtigkeit unverhältnismäßig erscheinen ließe, seien die infolge der unverwertbaren Aussage des A aufgefundenen weiteren Beweismittel nach Ansicht des LG gleichwohl verwertbar.

Anmerkung zu den Entscheidungen des EuGH zur Frage der Reichweite der *„fruit-of-the-poisonous-tree-doctrine"* (vgl. EGMR 22978/05; BeckRS 2010, 15877)

Im Fall Gäfgen war körperliche Gewalt eben nicht angewandt, sondern *„lediglich"* angedroht worden. Der Gerichtshof stand deshalb vor der Frage, ob Art, Inhalt und Umstände der Androhung bereits eine mit Art. 3 EMRK unvereinbare Misshandlung darstellten. Obwohl der EGMR ein „considerable mental suffering" beim Beschwerdeführer feststellte, prüfte er anhand der konkreten Umstände des Einzelfalls, ob die Androhungssituation (lediglich) als unmenschliche Behandlung oder – bei Vorliegen besonderer Umstände – als Folter einzustufen war.
Der EGMR stufte die Androhung *„Unmittelbaren Zwangs"* im Fall Gäfgen u.a. deshalb lediglich als unmenschliche Behandlung ein, weil die Drohungen nur über einen kurzen Zeitraum aufrechterhalten worden seien und beim Beschwerdeführer keine schwerwiegenden Langzeitwirkungen entfaltet hätten.
In diesem Zusammenhang betonte der EGMR aber auch, dass Art. 3 EMRK ein absolutes Verbot bestimmter Vernehmungsmethoden statuiere. Der wirksame Schutz des Bürgers vor der Anwendung dieser Methoden könne grundsätzlich ein Verwertungsverbot hinsichtlich der durch diese Methoden gewonnenen Beweismittel notwendig machen. Dies gelte nicht nur für die direkt durch den Verstoß gewonnenen Beweise, sondern auch für solche, die mit dem Verstoß gegen Art. 3 EMRK weniger eng verbunden seien – allerdings nur dann, wenn feststehe, dass sich der Verstoß auch auf den Ausgang des Verfahrens ausgewirkt habe.
Dies verneinte der EGMR im konkreten Fall, weil die Verurteilung Gäfgens ausschließlich auf sein neuerliches Geständnis in der Hauptverhandlung gestützt worden war, das der Beschwerdeführer nach vorangegangener *„qualifizierter Belehrung"* abgelegt hatte.
Mit dieser Entscheidung bekräftigte der EGMR erneut, dass das Verbot von Folter und unmenschlicher Behandlung in Art. 3 EMRK absolut gilt und keiner Abwägung zugänglich ist. Leider bleibt die interessante Frage offen, ob Verstöße gegen Art. 3 EMRK zur Unverwertbarkeit auch nur mittelbar durch sie gewonnener Beweismittel führen. Der EGMR zieht eine solche *„Fernwirkung"* aber immerhin grundsätzlich in Erwägung.

FALLENDE

FALL 16

Sachverhalt (vgl. BGH 1 StR 623/11; BeckRs 2012, 09052)

Der Angeklagte A hatte seiner geschiedenen Ehefrau E aufgelauert und ihr mit zahlreichen kraftvollen Schlägen mit einem Schlagstock den Schädel eingeschlagen, sie danach mit einer Strumpfhose erdrosselt und ihr mehrere tiefe Messerstiche zugefügt. Anschließend versteckte er sie unter einem Auto. Zwar wurde A, gegen den schon mehrfach wegen Körperverletzung zum Nachteil seiner geschiedenen Frau ermittelt worden war, zu Vernehmungsbeginn ordnungsgemäß über sein Schweigerecht und sein Recht auf Anwaltskonsultation belehrt (§ 163a IV 2 i.V.m. § 136 I 2 StPO). Obwohl dem Vernehmungsbeamten V zu diesem Zeitpunkt der Tod des E bereits bekannt war, eröffnete dieser dem A jedoch nicht, dass gegen ihn wegen eines Tötungsdelikts ermittelt werde, sondern teilte A lediglich mit, dass man davon ausgehe, dass er der E „etwa Schlimmes" angetan habe. A verzichtete dennoch auf anwaltlichen Beistand. In der folgenden fünfstündigen Vernehmung erkundigte sich der A mehrfach nach seiner Exfrau und äußerte die Hoffnung, dass diese vielleicht noch lebe. Erst am Ende der Vernehmung fragte er konkret, ob E noch lebe und wurde von V erst jetzt über ihren Tod informiert. Am nächsten Tag unterschrieb A das Vernehmungsprotokoll und nahm teilweise auch noch handschriftliche Verbesserungen vor. In der Hauptverhandlung machte A keine Angaben. Das Landgericht verwertete jedoch die durch die Zeugenaussagen der Vernehmungsbeamten V eingeführte Einlassung des A aus der Beschuldigtenvernehmung und legte diese der Verurteilung wegen Mordes zugrunde. Der Verteidiger widersprach der Verwertung rechtzeitig. Durfte die Aussage des V im Urteil verwertet werden?

LÖSUNG

Die Aussage des Vernehmungsbeamten V als sog. ***„Zeuge vom Hörensagen"*** hätte dann nicht im Urteil verwertet werden dürfen, wenn ein **Beweisverwertungsverbot** bestand.

I. VERSTOSS GEGEN DAS „*BEWEISERHEBUNGSVERBOT*" DES

1. § 163a IV 2 i.V.m. § 136a I 1 StPO?

In Betracht kommt ein Verstoß gem. **§ 163a IV 2 i.V.m. 136a I StPO**, da V den A bis fast zum Ende der polizeilichen Vernehmung bewusst darüber im Unklaren gelassen hatte, ob E noch lebte.

Es ist allgemein anerkannt, dass der Begriff der ***„Täuschung"*** gerade im Kontext mit den anderen verbotenen Vernehmungsmethoden restriktiv auszulegen ist und von der grundsätzlich zulässigen ***„kriminalistischen List"*** abgegrenzt werden muss. Da das **bloße Verschweigen von Tatsachen noch keine *„Täuschung"*** darstellt (vgl. BGHSt 39, 335), griff das gesetzlich normierte Beweisverwertungsverbot gem. § 136a III 2 StPO vorliegend nicht durch.

2. § 163a IV 1 StPO?

Der Vernehmungsbeamte V könnte jedoch gegen **§ 163a IV 1 StPO** verstoßen haben. Danach ist einem Beschuldigten bei der ersten Vernehmung zu eröffnen ist, welche Tat ihm zur Last gelegt wird, wobei der ihm **vorgeworfene Sachverhalt zumindest in groben Zügen darzulegen** ist. Der BGH geht davon aus, dass bei einer polizeilichen Vernehmung aus ermittlungstaktischen Gründen zwar nicht jedes schon bekannte Detail offen zu legen sei und hinsichtlich der Ausgestaltung der Eröffnung des Tatvorwurfs im Einzelnen noch ein gewisser Beurteilungsspielraum bestehe. Diese Grenze sei aber jedenfalls dann überschritten, wenn dem Beschuldigten eines Gewaltdelikts – wie hier – der Tod des Opfers nicht eröffnet werde. Ohne diesen Hinweis sei die Tat nicht einmal in groben Zügen richtig umschrieben. Die Erklärung des Vernehmungsbeamten, er vernehme den Angeklagten wegen einer „*schlimmen Sache*" mit der Ehefrau war insoweit unzureichend und verstieß gegen die Anforderungen des § 163a IV 1 StPO.

II. RECHTSFOLGE: „*BEWEISVERWERTUNGSVERBOT*“?

Die Frage, ob aus dem Verstoß gegen § 163a IV 1 StPO ein sog. **„*Beweisverwertungsverbot*“** resultierte, könne nach Ansicht des BGH vorliegend dahinstehen, **wenn der Belehrungsmangel das Aussageverhalten des Vernommenen überhaupt nicht beeinflusst haben könnte**. Denn in diesem Fall könne der Verfahrensfehler nicht schwerer wiegen als Interesse der Allgemeinheit an einer effektiven Strafrechtspflege, d.h. insbesondere an der Aufklärung einer schweren Straftat. So liege der Fall hier. Vorliegend hielt es der Angeklagte zumindest für möglich, dass der Notarzt seine Ehefrau nicht mehr retten konnte. Der BGH geht davon aus, dass dem Angeklagten bei der Vernehmung die Möglichkeit bewusst gewesen sei, dass E tot sein könnte. Es sei auch nicht ersichtlich, dass die Erkenntnis des Angeklagten, seine geschiedene Frau könnte durch sein Verhalten zu Tode gekommen sein, durch das Verhalten der Polizei in Frage gestellt worden wäre. Insbesondere habe der Vernehmungsbeamte V weder ausdrücklich noch sinngemäß erklärt, dass E noch lebe. A habe also naheliegend über die – durch das polizeiliche Verhalten nicht entkräftete – Erkenntnis verfügt, dass seine Frau tot sein könnte. Wenn er sich auf dieser Grundlage nach im Übrigen ordnungsgemäßer Belehrung über sein Schweigerecht und sein Recht auf Anwaltskonsultation zu belastenden Angaben entschlossen habe, so habe sich der vorliegende Mangel der polizeilichen Belehrung auf die Entscheidung, Angaben zu machen, offensichtlich nicht ausgewirkt.

FALLENDE

Der Verstoß gegen § 163a IV 1 StPO führe damit zu keinem Beweisverwertungsverbot. Da **auch kein selbstständiges Beweisverwertungsverbot** in Betracht kam, durfte die Aussage des Angeklagten im Urteil verwertet werden. Der insoweit erhobene Widerspruch des Verteidigers des Angeklagten ging damit ins Leere.

FALL 17

Sachverhalt (vgl. OLG Celle 1Ss 61/17, BeckRs 2017, 134574)

Der Angeklagte A war im Rahmen einer Verkehrskontrolle angehalten worden, ohne dass er zuvor durch seine Fahrweise aufgefallen war. Anlässe waren vielmehr die Überprüfung der Winterbereifung sowie der Umstand, dass die Fahrzeugscheiben nur teilweise von einer Schneebedeckung befreit worden waren. Dem kontrollierenden Polizeibeamten P fielen beim A gerötete Bindehäute sowie geweitete Pupillen, ein leichter Alkoholgeruch und ein leichtes Schwanken beim Verlassen des Fahrzeugs auf. Der freiwillige Atemalkoholtest ergab jedoch keinen positiven Befund. Einen Urintest lehnte A ab, woraufhin P den A unter Hinweis auf seine freiwillige Teilnahme zur Ausführung mehrerer motorischer Tests aufforderte. Als Grund hierfür gab er gegenüber dem A an, dass dieser sich durch diese Tests sowohl be- als auch entlasten könne. Ausweislich der Urteilsfeststellungen hegte P zu diesem Zeitpunkt noch keinen Verdacht hinsichtlich der Verwirklichung einer Straftat, sondern nur einer Ordnungswidrigkeit. Ergebnis des Tests waren diverse Auffälligkeiten wie verzögerte Lichtreaktion der Pupillen, starkes Lidflattern und Gleichgewichtsstörungen, woraufhin P dem A den Verdacht einer Straftat nach § 316 StGB eröffnete und ihn nach Maßgabe des § 163a IV 2 i.V.m. § 136 I 2 StPO belehrte. Dürfen die Ergebnisse der durchgeführten Tests in einem Strafverfahren gegen A verwertet werden?

LÖSUNG

Die Verwertung der Ergebnisse der durchgeführten Tests könnte wegen Verstoßes gegen ein Beweisverwertungsverbot rechtsfehlerhaft gewesen sein.

I. VERSTOSS GEGEN DAS *„BEWEISERHEBUNGSVERBOT"* DES § 163a IV 2 i.V.m. § 136a I 1 StPO?

Nach Ansicht des OLG Celle liege eine verbotene Täuschung i.S.d. § 163a IV 2 i.V.m. § 136a I 1 StPO nicht in jeder Hervorrufung von falschen Vorstellungen. **Der Begriff der Täuschung sei nach allgemeiner Ansicht zu weit gefasst und einschränkend auszulegen** (vgl. BGHSt 42, 139). Dabei sei stets der Bezug zur Freiheit der Willensentschließung und Willensbetätigung sowie zu den anderen in der Vorschrift aufgeführten verbotenen Mitteln zu berücksichtigen. **Eine verbotene Vernehmungsmethode liege erst dann nahe, wenn sie den Grad einer *bewussten Täuschung oder Irreführung* erreiche. Auch schließe die Vorschrift nicht jede *„kriminalistische List"* bei der Vernehmung aus, sondern *verbiete nur solche Irreführungen, die bewusst darauf abzielten, die von § 136a StPO geschützte Aussagefreiheit zu beeinträchtigen.*** So z.B. wenn der Vernehmungsbeamte wisse, dass nach den bisherigen Ermittlungen kein dringender Tatverdacht gegen den Beschuldigten bestehe, er dennoch ihm gegenüber aber von einer erdrückenden, ihm keine Chance lassenden Beweiskette spreche, um ihn dadurch zu einem Geständnis zu bewegen.

Ausgehend von diesen Grundsätzen **lasse sich die Aufforderung zur Mitwirkung an motorischen Test zur weiteren Überprüfung der physisch-psychischen Verfassung des Angeklagten nicht mit der Beeinträchtigung der Willensentschließung durch Misshandlung, Ermüdung, körperlichen Eingriff, Verabreichung von Mitteln, Quälerei oder Hypnose vergleichen**.

II. BESTEHEN EINES *„SELBSTSTÄNDIGEN BEWEISVERWERTUNGSVERBOTS"* WEGEN VERLETZUNG DES *„RECHTS AUF EIN FAIRES VERFAHREN"* (Art. 6 I 1 EMRK) UNTER BESONDERER BERÜCKSICHTIGUNG DES *„GRUNDSATZES DER SELBSTBELASTUNGSFREIHEIT"* (*„NEMO-TENETUR-GRUNDSATZ"*)?

Die Durchführung der Tests mit A könnte wegen Verletzung des **Rechts auf ein *„faires Verfahren"*** ein selbstständiges Beweisverwertungsverbot begründen, da im Rahmen eines Strafverfahrens niemand gezwungen werden darf, sich durch seine eigene Aussage einer Straftat zu bezichtigen oder zu seiner Überführung aktiv beizutragen (vgl. BVerfGE 109, 279). Nach Ansicht des OLG sei die Entscheidungsfreiheit etwa dann verletzt, wenn die Strafverfolgungsbehörden Täuschungen anwende, um Geständnisse oder andere belastende Angaben zu entlocken, die sie auf andere Weise nicht erlangen könnten (vgl. BGHSt 53, 294).

Im vorliegenden Fall stelle sich die Durchführung der Tests mit A aber auch nicht als eine Verletzung des *„Rechts auf ein faires Verfahren"* dar. Vielmehr sei schon zweifelhaft, ob das Verhalten des kontrollierenden Polizeibeamten P überhaupt eine unzutreffende Einwirkung auf das Vorstellungsbild des A beinhaltete. Die Feststellungen zum Ablauf der Verkehrskontrolle belegten vielmehr, dass beim A bereits Auffälligkeiten im äußeren Erscheinungs- und Gangbild vorhanden gewesen seien, die Anlass für eine weitere Überprüfung durch den kontrollierenden

FALLENDE

Beamten geboten hätten. Dabei habe nach den Angaben des kontrollierenden Polizeibeamten aber durchaus die naheliegende Möglichkeit bestanden, dass ein weitgehend unauffälliger Testverlauf zu keinen weiteren prozessualen Maßnahmen geführt hätte. Mithin dürften die Testergebnisse auch verwertet werden.

CHECKLISTE

ZU DEN FÄLLEN 15 – 17
Diese Stichpunkte sollten Sie sich einprägen:

- ☑ „Absolutes Beweisverwertungsverbot" des § 136a III 2 StPO
- ☑ „Fortwirkung eines Beweisverwertungsverbots"
- ☑ „Fernwirkung eines Beweisverwertungsverbots" („fruit-of-the-poisonous-tree – doctrine")

III. BEWEISERHEBUNG DURCH EINSATZ AKUSTISCHER ÜBERWACHUNGS-MASSNAHMEN

1. Gespräche mit Dritten

FALL 18

Sachverhalt (vgl. BGH 1 StR 701/08; BeckRs 2009, 18662)

Der Angeklagte A saß in Untersuchungshaft wegen des Verdachts, seine Geliebte getötet zu haben. Der Ermittlungsrichter ordnete gem. § 100f StPO die heimliche akustische Überwachung der Besuchsgespräche an, die A mit seiner Ehefrau führte. Gemäß der Anordnung fanden die Gespräche in einem separaten Besuchsraum ohne Anwesenheit einer Aufsichtsperson statt. A wurde gestattet, die Gespräche mit seiner Ehefrau in seiner marokkanischen Muttersprache zu führen. Da A sich unüberwacht glaubte, teilte er seiner Frau in den Gesprächen unter anderem mit, dass das zu diesem Zeitpunkt offiziell noch vermisste Tatopfer tot sei und forderte sie auf, ihm ein Alibi zu verschaffen.
Neben weiteren Indizien wie vom Opfer stammenden Blutspuren an der von *A* am Tattag getragenen Kleidung hat das *LG* die Verurteilung des *A* wegen Mordes entgegen dem Widerspruch der Verteidigung auch auf die durch die akustische Überwachung des Besuchsraums gewonnenen Äußerungen des A gestützt.
Durften die auf diese Weise gewonnenen Erkenntnisse im Urteil verwertet werden?

LÖSUNG

Die Verwertung der durch die akustische Überwachung des Besuchsraums gewonnenen Äußerungen des A könnte wegen Verstoßes gegen ein *„Beweiserhebungsverbot"* rechtsfehlerhaft gewesen sein.

I. VERSTOSS GEGEN DAS *„BEWEISERHEBUNGSVERBOT"* DES § 100f StPO?

In seiner Urteilsbegründung erörtert der BGH zunächst die Frage, ob ein Verwertungsverbot bereits unmittelbar aus ***§ 100f StPO*** hergeleitet werden könne **(sog. *„Kleiner Lauschangriff"*)**.

Diese Vorschrift enthalte zwar anders als die Regelung zum ***„Großen Lauschangriff"*** **(*§ 100c StPO*)** keine eigene Kernbereichsregelung (vgl. § 100d II StPO). Der BGH zieht jedoch in Erwägung, diese Vorschrift entsprechend anzuwenden. Letztlich lässt er diese Frage aber offen, weil im vorliegenden Fall der ***„Kernbereich der privaten Lebensgestaltung"*** des A nicht tangiert sei. Dies ergebe sich zum einen aus der Art der überwachten Räumlichkeiten. Denn ein **Einzelbesuchsraum in einer Haftanstalt** sei **kein geschützter Privatraum,** weil der Inhaftierte jederzeit damit rechnen müsse, dass Vollzugsbedienstete den Raum betreten und von ihren Überwachungsrechten Gebrauch machen könnten (vgl. BVerfG NStZ 1996, 511). Außerdem seien **Gespräche über begangene Straftaten ohnehin nicht dem Kernbereich zuzurechnen.**

II. BESTEHEN EINES *„SELBSTSTÄNDIGEN BEWEISVERWERTUNGSVERBOTS"* WEGEN VERLETZUNG DES *„RECHTS AUF EIN FAIRES VERFAHREN"* (Art. 6 I 1 EMRK) UNTER BESONDERER BERÜCKSICHTIGUNG DES *„GRUNDSATZES DER SELBSTBELASTUNGSFREIHEIT"* (*„NEMO-TENETUR-GRUNDSATZ"*)?

Der BGH sah jedoch das ***„Recht auf ein faires Verfahren"*** verletzt **(Art. 6 I 1 EMRK).** Zwar sei die Anwendung *„kriminalistischer List"* und heimlicher Ermittlungsmaßnahmen in der U-Haft nicht grundsätzlich unzulässig. So sei durch die heimliche Überwachungsmaßnahme lediglich *„abgeschöpft"* worden, was der Beschuldigte ***„aus freien Stücken, spontan und ungefragt"*** gegenüber seiner Ehefrau geäußert habe. Im vorliegenden Fall hätten die Ermittlungsbehörden beim Angeklagten aber **ganz gezielt die Fehlvorstellung hervorgerufen, er werde nicht überwacht.** Der BGH sah dadurch den ***„Nemo-tenetur-Grundsatz"*** verletzt, auch wenn das Verhalten der Ermittlungsbehörden nicht die Qualität einer *„Täuschung"* oder eines unzulässigen Zwangs i.S.d. § 136a I, II StPO aufweise. Bei dieser Wertung sei zum einen die **besondere Situation des Angeklagten in der Untersuchungshaft** zu berücksichtigen, die dadurch gekennzeichnet sei, dass die **Kontaktmöglichkeiten zwischen dem Angeklagten und seiner Ehefrau auf die genehmigten Besuche beschränkt** waren und **keinerlei Ausweichmöglichkeiten für private Gespräche mit höchstpersönlichem Inhalt** bestanden habe. Zum anderen falle das außergewöhnliche Vorgehen der Ermittlungsbehörden ins Gewicht. Da Besuche in der Regel erkennbar zu überwachen seien, habe aufgrund der getroffenen Maßnahmen (Zuweisung eines separaten Besuchsraums ohne sichtbare Überwachung durch Vollzugsbedienstete) bei A der Eindruck entstehen müssen, dass er sich mit seiner Ehefrau offen und ohne die Gefahr, überwacht zu werden, über die ihm zur Last gelegten Straftaten unterhalten könne. Angesichts der besonderen Situation des Untersuchungshaftvollzuges sei dieses Vorgehen der Ermittlungsbehörden zur Erlangung einer prozessverwertbaren Selbstbelastung des A schon vor dem Hintergrund des verfassungsrechtlich verankerten Verbots eines Zwangs zur Selbstbelastung bedenklich. Zudem nähere sich die von normalen Abläufen in der Untersuchungshaft bewusst abweichende Schaffung einer unüberwacht wirkenden Gesprächssituation der **Grenze zu einer unzulässigen *„Täuschung"*,** auch wenn letztlich nur eine Fehlvorstellung des A gefördert und ausgenutzt worden sei. Jedenfalls in der Gesamtschau stelle sich die Abhörmaßnahme als ein Verstoß gegen den *„Grundsatz des fairen Verfahrens"* dar. Die Beweiserhebung greife in derart erheblicher Weise in die Verfahrensrechte des A ein, dass selbst die „Belange einer funktionstüchtigen Strafrechtspflege" - denen bei besonders schweren Straftaten erhebliche Bedeutung zukomme - dahinter zurücktreten müssten. Mithin müsse dieser schwerwiegende Verstoß gegen die *„Selbstbelastungsfreiheit"* zu einem Beweisverwertungsverbot der Angaben des A gegenüber seiner Ehefrau führen.

KLAUSURHINWEIS

Nach Auffassung des BGH bestehen gegen die Zulässigkeit einer Maßnahme nach § 100f StPO dagegen keine Bedenken, wenn der Untersuchungsgefangene wisse oder wissen könne, dass Besuchskontakte generell oder im konkreten Fall – auch akustisch – überwacht würden. So gewonnene Erkenntnisse unterlägen keinem Beweisverwertungsverbot.

FALLENDE

FALL 19

Sachverhalt (vgl. BGH 1 StR 169/08; BeckRS 2008, 08598)

Die Angeklagten A und B wurden vom LG wegen Verabredung zum Verbrechen des Schweren Raubes verurteilt. Das LG stütze seine Überzeugung u.a. auch auf die Verwertung eines Gesprächs zwischen A und B, das die Polizei gem. § 100a StPO abgehört und aufgezeichnet hatte. Mit dieser polizeilichen Abhöraktion hat es folgende Bewandtnis: Aufgrund einer rechtmäßigen richterlichen Anordnung (§ 100e I 1 StPO) wurde der Mobilfunkanschluss des A überwacht. In der Nacht, in der das verabredete Verbrechen begangen werden sollte, warteten A und B im Pkw des A in der Nähe des geplanten Tatortes auf eine günstige Tatzeit. In dieser Situation rief A mit Wissen des B seinen Vertrauensmann K an, der das Gespräch aber nicht annahm, so dass sich die Mailbox des K einschaltete. A wollte jedoch keine Nachricht hinterlassen und schloss daher die Tastaturklappe des Mobiltelefons, um die Verbindung zu beenden, unterließ es aber aus Versehen, zuvor die Taste zur Gesprächstrennung zu drücken. Daher wurde für die Dauer von 7 Minuten bis zum automatischen Ende der Mailbox-Aufzeichnung das im Pkw geführte Gespräch zwischen A und B übertragen und von der Polizei aufgezeichnet. Aus dem Gespräch zwischen A und B ergaben sich nach den Feststellungen des LG gravierende Indizien für eine Verbrechensverabredung.
Durften dieses aufgezeichnete Raumgespräch zwischen A und B der Verurteilung zugrunde gelegt werden?

LÖSUNG

Die Verwertung des durch die Telekommunikationsüberwachung erlangten Gesprächsinhalts zwischen A und B wegen Verstoßes gegen das *„Beweiserhebungsverbot"* des § 100a StPO rechtsfehlerhaft gewesen sein.

VERSTOSS GEGEN DAS *„BEWEISERHEBUNGSVERBOT"* DES § 100a StPO?

1. *„Telekommunikation"*

Wie der BGH ausführt, darf im Rahmen einer nach § 100a StPO zulässigen *„**Telekommunikationsüberwachung**"* das **gesamte aufgezeichnete Gespräch *einschließlich der Hintergrundgeräusche und -gespräche*** verwertet werden, **jedenfalls dann, wenn es sich um *Gespräche* handelt, *bei denen einer der Teilnehmer eine dritte***

Person in die Kommunikation mit dem telefonischen Gesprächspartner einbezieht*. Denn bei einer solchen Fallgestaltung seien die fraglichen Inhalte des Hintergrund- bzw. Raumgesprächs selbst Gegenstand der Telekommunikation.** Richte sich die Unverwertbarkeit des Inhalts eines „*Hintergrundgesprächs*" der hier vorliegenden Art nach den für ein Verwertungsverbot im Rahmen von Telekommunikationsüberwachung allgemein geltenden Voraussetzungen (vgl. M-G/S § 100a Rn 35 ff.), ***bedürfe es - auch für die vorliegende Fallgestaltung - der rechtzeitigen Erhebung eines Verwertungswiderspruchs (vgl. BGH 1 StR 571/17; BeckRS 2018, 6357; M-G/S § 100a Rn 39)
Am Charakter der Übertragung als ***„Telekommunikation"* (vgl. *§ 3 Nr. 22, 23 TelekommunikG*)** ändere sich nichts, wenn sich bei einer vom Betroffenen willentlich oder irrtümlich **(*„Falschwahl"*)** hergestellten Telefonverbindung die angerufene Person nicht melde und der Anrufende deshalb willentlich auf dem Anrufbeantworter / Mailbox eine mündliche Nachricht hinterlasse. Dasselbe gelte auch für ***„Hintergrundgespräche"***, also z.B. Rückfragen des Anrufenden bei anderen anwesenden Personen oder bei sog. ***„Raumgesprächen"***, d.h. zufällig aufgenommenen Gesprächen zwischen Anwesenden ohne eigentliche Beteiligung am Telefongespräch.
Folglich unterlag das aufgezeichnete Gespräch zwischen A und B keinem Beweisverwertungsverbot.

2. Keine *„Telekommunikation"*

Mangels eines *„Telekommunikationsakts"* gelte dies, so der BGH, aber nicht, wenn ein Raumgespräch des Angeklagten mit seiner Ehefrau über eine von ihm begangene Katalogtat i.S.d. § 100a II StPO nur deshalb aufgenommen werde, weil zuvor ein *beschuldigter Dritter* in diesem Raum ein überwachtes Telefonat geführt hatte, ohne nach Beendigung des Gesprächs den Telefonhörer richtig aufzulegen und die Telekommunikationsverbindung dadurch zu beenden (vgl. BGHSt 31, 296).
Zur Begründung führt der BGH aus, dass – anders als im vorliegenden Fall – zum einen **der Angeklagte die Telekommunikation weder selbst willentlich aufgenommen noch aufrechterhalten habe** und zum anderen es sich um ein **besonders sensibles, vertrauliches Gespräch innerhalb der Familie** gehandelt habe.

Ebenso falle nach BGH (vgl. BGH 3 StR 400/17; BeckRS 2018, 16392) auch der Versand einer sog. *„**Stillen SMS**"* - auch "***Stealth Ping***" genannt - nicht unter den *„**Telekommunikations**-**Begriff des § 100a StPO**"*, da es an einem ***menschlich veranlassten Informationsaustausch*** fehle, der sich auf zu übermittelnde Inhalte beziehe.

<u>Zur technischen Erklärung:</u>

Bei einer *„Stillen SMS"* wird eine spezielle Kurzmitteilung (SMS) an eine Mobilfunknummer gesandt, die zwar eine Verbindung mit dem angewählten Mobiltelefon erzeugt, jedoch von dessen Nutzer nicht bemerkt werden kann, da sie im Nachrichteneingang nicht angezeigt wird. Der Empfang der SMS bewirkt bei einem eingeschalteten und im „Standby-Modus" befindlichen Mobiltelefon eine Rückmeldung des Mobiltelefons bei der Funkzelle, in der es eingebucht ist. Durch eine Abfrage beim Netzbetreiber kann so der ungefähre Standort (*„Local Area"*) des Mobiltelefons im Zeitpunkt des Empfangs der stillen SMS bestimmt werden.

Nach Ansicht des BGH werde auf diese Weise ***lediglich ein Datenaustausch zwischen technischen Geräten verursacht, der aber keinen Rückschluss auf Kommunikationsbeziehungen oder -inhalte erlaube.***

Zudem ***erfasse § 100a StPO seinem Wortlaut nach nur die Überwachung und Aufzeichnung der Telekommunikation, also die Auskunft über vorhandene Daten. Das Erzeugen solcher Daten, das eine aktive Einflussnahme auf den vorhandenen Datenbestand darstelle, gehe jedoch darüber hinaus und bedürfe daher einer eigenen Ermächtigungsgrundlage*** (vgl. Eisenberg/Singelnstein, NStZ 2005, 62; LR/Hauck § 100a Rn. 70). ***Diese könne nicht in den Ermittlungsgeneralklauseln der § 161 I 1, § 163 I StPO gesehen werden***, weil der Einsatz „Stiller SMS" und die sich daran anschließende Abfrage der so erzeugten Standortdaten ***das Erstellen eines Bewegungsprofils ermögliche und somit das „Grundrecht auf informationelle Selbstbestimmung" (Art. 2 I i.V.m. Art. 1 I GG) in erheblicher Weise berühre***.

FALLENDE

2. Selbstgespräche

FALL 20

Sachverhalt (vgl. BGH 1 StR 140/05; BeckRs 2005, 10578)

Das LG hatte den die Tat bestreitenden Angeklagten A wegen Mordes verurteilt, wobei das Gericht seine Überzeugung von der Täterschaft des A auf das Ergebnis einer im Dezember 2003 durchgeführten akustischen Raumüberwachung **(§§ 100c ff. StPO, sog. „Großer Lauschangriff")** stützte. Zielobjekt der Abhörmaßnahme war das Einzelzimmer des A in einer Reha-Klinik, in der er sich zur Behandlung der Folgen eines Arbeitsunfalls aufhielt. Aufgezeichnet wurde dabei ein Selbstgespräch des Angeklagten, das er nach einem Telefonat mit der Arbeitskollegin K geführt hatte. K hatte ihm über ihre Vernehmung durch die Polizei berichtet, in deren Verlauf sie auch zu Aggressivität des A im Allgemeinen und zum Töten seiner Hasen befragt worden sei. A hatte in dem nach Beendigung des Telefonats geführten und aufgezeichneten Selbstgespräch geäußert: „Sehr aggressiv ! Sehr aggressiv ! In Kopf hätt i eam schießen sollen."
Das LG hat hieraus den Schluss gezogen, dass A sich Gedanken über eine alternative Tötungsart gemacht habe, die den Verdacht weniger auf seine Person gelenkt hätte. Es sei keine andere Erklärung ersichtlich, weshalb A in diesem Moment die Erwägung angestellt habe, ob es nicht besser gewesen wäre, „ihm in den Kopf zu schießen". Nach Überzeugung der Strafkammer habe sich diese Äußerung auf das Opfer bezogen.
Durfte das aufgezeichnete Selbstgesprächs des A als Beweismittel verwertet werden?

LÖSUNG

Die Verwertung des *„Selbstgesprächs"* des A könnte wegen Verstoßes gegen ein *„Beweiserhebungsverbot"* rechtsfehlerhaft gewesen sein.

I. VERSTOSS GEGEN DAS *„BEWEISERHEBUNGSVERBOT“* DES § 100d II 1 StPO?

Dass das Selbstgespräch des A dem ***„Kernbereich privater Lebensgestaltung“*** zuzurechnen sei und daher einem ***„absoluten Verwertungsverbot“*** unterliege, begründet der BGH folgendermaßen:

1. *„Einzelkrankenzimmer“* als Wohnung i.S.d. Art 13 I GG

Schon wegen der **Art des Raumes,** in dem das Selbstgespräch geführt wurde, bestehe eine Vermutung, dass der Kernbereich tangiert sei, weil dem Einzelkrankenzimmer – wie einer Privatwohnung – typischerweise die Funktion als **Rückzugsbereich der privaten Lebensgestaltung** zukomme. Insoweit gehe der Schutzbereich des Art. 13 I GG über den alltagssprachlichen Wohnungsbegriff, nämlich eines Haupt- einschließlich Nebenwohnraums, hinaus (vgl. BVerfGE 109, 279).

2. *„Selbstgespräch“* als Ausdruck des Art. 2 I i.V.m. Art. 1 I GG

Auch **Art und Inhalt der Äußerung** des Beschuldigten sprächen für den absolut geschützten Kernbereich.

Zwar enthielten die Äußerungen des A auch Angaben über die konkret begangene Straftat und stellten damit einen ***„Sozialbezug“*** her. Allerdings stelle das BVerfG bei der Frage des ***„Sozialbezuges“*** primär auf die **Kommunikation *mit anderen Personen,* das *„Zwiegespräch“*,** ab (vgl. BVerfGE 109, 279).

Vorliegend bestehe die **Besonderheit, dass A *nicht mit anderen kommuniziert,* sondern ein *„Selbstgespräch“* geführt habe.** Ein Gespräch mit sich selbst sei gekennzeichnet durch unwillkürlich auftretende Bewusstseinsinhalte und habe persönliche Erwartungen, Befürchtungen, Bewertungen, Selbstanweisungen sowie Gefühle und Befindlichkeiten zum Inhalt. Damit habe es **ausschließlich höchstpersönlichen Charakter und berühre aus sich heraus nicht die Sphäre anderer oder der Gemeinschaft,** so dass es an dem ***„Sozialbezug“* fehle.**

II. RECHTSFOLGE: *„BEWEISVERWERTUNGSVERBOT“*?

Selbst überwiegende Interessen der Allgemeinheit, wie hier die Aufklärung eines Tötungsdelikts, könnten eine Eingriff in diesen *„absolut geschützten Kernbereich privater Lebensgestaltung“* nicht rechtfertigen (vgl. BVerfGE 109, 279). Die Anwendung der Grundsätze der Rechtsprechung des BVerfG auf den vorliegenden Fall müsse, so der BGH, dazu führen, dass ein *„Selbstgespräch“* – weil es **in keiner Form verdinglicht und der Gefahr eines Zugriffs preisgegeben** sei - dem unantastbaren Kernbereich zugerechnet werden müsse und folglich einem **Beweisverwertungsverbot gem. § 100d II 1 StPO** unterliege.

KLAUSURHINWEIS

Ein ***„Gebet“*** - wenngleich durch die „Religionsfreiheit“ geschützt - sei jedenfalls ***kein „Selbstgespräch“, sondern „Kommunikation“***, hatte der Vorsitzende des 2. Strafsenats Fischer in der Verhandlung angemerkt. Was ihm den Widerspruch eines Rechtsanwalts eintrug: *„Gott antwortet nicht.“* Darauf Fischer: *„Manchen antwortet er.“*

FALLENDE

FALL 21

Sachverhalt (vgl. BGH 2 StR 509/10; BeckRS 2012, 04721)

Im Zuge der Ermittlungen gegen den Angeklagten A wegen des Verdachts, seine Ehefrau getötet zu haben, war das Kraftfahrzeug des A auf richterliche Anordnung hin mit technischen Mitteln abgehört worden (§ 100f StPO). Dabei wurden – bruchstückhaft – Selbstgespräche des A aufgezeichnet („Die Lotis ist schon lange tot, die wird auch nicht mehr. ... Oho, I kill her. ... Ich habe sie totgemacht .....").
Hierauf hat das LG in einem Indizienprozess die Verurteilung des A wegen Mordes an seiner Ehefrau gestützt. Konkrete Feststellungen zur Art der Tötung und zu konkreten Tatbeiträgen konnte das LG nicht treffen, zumal die Leiche des Tatopfers nicht aufzufinden war („Der Mord ohne Leiche").

LÖSUNG

Die Verwertung des *„Selbstgesprächs"* des A könnte aufgrund Bestehen eines *„selbstständigen Beweisverwertungsverbots"* wegen Verletzung des Art. 2 I i.V.m. Art. 1 I GG rechtsfehlerhaft gewesen sein.

I. BESTEHEN EINES *„SELBSTSTÄNDIGEN BEWEISVERWERTUNGSVERBOTS"* WEGEN VERLETZUNG DES Art. 2 I i.V.m. Art. 1 I GG?

Nach Auffassung des BGH hätte das ***„Selbstgespräch"*** des A nicht zur seiner Überführung im Strafprozess verwertet werden dürfen. Insoweit habe ein **Beweisverwertungsverbot** bestanden, das sich unmittelbar aus der Verfassung ergeben habe. Denn mit der heimlichen Aufzeichnung und Verwertung des nichtöffentlich geführten Selbstgesprächs sei ein **Eingriff in den nach Art. 2 I i.V.m. Art. 1 I GG *„absolut geschützten Kernbereich der Persönlichkeit"*** verbunden. Der Grundsatz, dass die ***„Gedanken frei"*** und dem staatlichen Zugriff nicht zugänglich seien, erfasse nicht allein innere Denkvorgänge, sondern **auch das in einem *„Selbstgespräch"* formulierte Aussprechen von Gedanken, bei welchem sich die Person als *„allein mit sich selbst"* empfindet**.

Da nicht ohne Weiteres jedes *„Gespräch mit sich selbst"* dem vor staatlichen Eingriffen *„absolut geschützten Kernbereich der Persönlichkeit"* unterfalle, sondern dies jeweils **im konkreten Einzelfall** zu entscheiden sei, seien wichtige Kriterien für die **Gesamtabwägung**: die ***„Eindimensionalität der Selbstkommunikation"***, also eine Äußerung ohne kommunikativen Bezug, die ***Nicht-Öffentlichkeit der Äußerungssituation***, das ***Maß des berechtigten Vertrauens darauf, an dem jeweiligen Ort vor staatlicher Überwachung geschützt zu sein***, die ***Unbewusstheit der verbalen Äußerung*** und ob sich die ***Äußerungen als bruchstückhafter, auslegungsbedürftiger Ausschnitt eines „Gedankenflusses"*** darstellten.

Unter Zugrundelegung dieser Abwägungskriterien habe es sich, so der BGH, mithin um ein, dem *„absolut geschützten Kernbereich des Persönlichkeitsrechts"* zuzuordnendes *„Selbstgespräch"* gehandelt. Selbst überwiegende Interessen der Allgemeinheit, wie hier die Aufklärung eines Tötungsdelikts, hätten dahinter zurückzutreten.
Aus der Verletzung des *„Allgemeinen Persönlichkeitsrechts"* des A (Art. 2 I i.V.m. Art. 1 I GG) folge ein *selbstständiges* Beweisverwertungsverbot für die bei dem Selbstgespräch des A aufgezeichneten Äußerungen.

II. ABGRENZUNG ZWISCHEN „*SELBSTGESPRÄCH*" UND „*TAGEBUCHAUFZEICHNUNGEN*"

In der *Flüchtigkeit* und *Bruchstückhaftigkeit* des in dem „*Selbstgespräch*" gesprochenen Wortes *ohne kommunikativen Bezug* liegen auch die rechtlich erheblichen Unterschiede zu den Eintragungen in einem „*Tagebuch*".

Ein „***Tagebuch***" ist noch nicht in der bloßen Auflistung des Tagesablaufes oder Aneinanderreihung von Terminen zu sehen. Vielmehr muss der Verfasser **eigene oder fremde Empfindungen, Erlebnisse, Eigenarten, Reaktionen oder Verhaltensweisen niederschreiben, um hieraus Rückschlüsse und Erkenntnisse zu gewinnen** (vgl. BGHSt 19, 325). Ausschlaggebend ist – unabhängig von den sprachlichen und intellektuellen Fähigkeiten des Verfassers – der **höchstpersönliche Charakter** der Aufzeichnungen und deren Zielsetzung. Als Speichermedium kommt dabei nicht nur Papier in Betracht, sondern z.B. auch eine Diskette, eine Festplatte oder eine Video- oder Audiokassette.

Tagebuchaufzeichnungen sind zwar nicht durch ein (ausdrückliches) strafprozessuales Beschlagnahme- oder Verwertungsverbot geschützt, sie unterfallen aber dem **Schutz des Persönlichkeitsrechts ihres Verfassers (Art. 2 I i.V.m. Art. 1 I GG),** an das auch die Strafverfolgungsbehörden und die Gerichte gebunden sind.

BGH

Allerdings nimmt der **BGH** Aufzeichnungen des Angeklagten über seine Verbrechen und deren Opfer aus dem „Tagebuch-Begriff" zumindest dann heraus, wenn sie dazu dienten, gemachte Fehler zu erkennen und künftig zu vermeiden, da der **verfassungsrechtliche Persönlichkeitsschutz nur die Entfaltung, nicht aber den Verfall der Persönlichkeit schütze** (vgl. BGHSt 19, 325; 34, 397).

Literatur

Diese Ansicht wird in der **Literatur** kritisiert (vgl. Amelung, NJW 1988, 1002; Geppert, JR 1988, 471; Wolter, StV 1990, 175). Sogar „*der Verbrecher*" könne sich – wenn auch zum Schlechten – weiterentwickeln. Seine Aufzeichnungen würden allein hierdurch nicht ihren Tagebuchcharakter verlieren.

BVerfG

Unter Zugrundelegung der sog. „***Sphärentheorie***" (vgl. BVerfGE 27, 344; 32, 373) hat das *BVerfG* (in einer 4:4-Entscheidung, vgl. *BVerfGE 80, 367*) Tagebuchaufzeichnungen nicht dem unantastbaren Kernbereich zugeordnet. Kennzeichen des Kernbereichs seien der **höchstpersönliche Charakter der Aufzeichnungen, ein auf diese bezogener Geheimhaltungswille sowie ein fehlender bzw. nur mittelbarer sozialer Bezug**. Das BVerfG hat eine Zuordnung von Tagebuchaufzeichnungen in den höchstpersönlichen Kernbereich schon deshalb in Frage gestellt, weil der Angeklagte die **Selbstreflexion in einem Tagebuch schriftlich niedergelegt** und **dadurch aus dem von ihm beherrschten Innenraum entlassen** habe. Er habe **seine Gedanken der Gefahr des Zugriffs preisgegeben**. Damit sei das Tagebuch der sog. „***Privatsphäre***" zuzuordnen, so dass die Verwertbarkeit der Tagebuchaufzeichnungen nicht schlechthin ausgeschlossen sei, sondern ihre Rechtmäßigkeit am **Maßstab des *Verhältnismäßigkeitsgrundsatzes***

beurteilt werden müsse. Danach müsse den Aufzeichnungen zum einen Bedeutung für die Wahrheitsfindung zukommen (***„Geeignetheit“***). Weiterhin dürfe kein milderes Mittel zur Wahrheitsermittlung zur Verfügung stehen (***„Erforderlichkeit“***) und schließlich könne das Interesse an einer wirksamen Strafrechtspflege nur bei Verfolgung schwerer Kriminalität die Beeinträchtigung des Persönlichkeitsrechts des Beschuldigten überwiegen (***„Verhältnismäßigkeit im engeren Sinne“***).
Der bedeutsame Beitrag, den die Verwertung eines Tagebuchs in einem Verfahren zur Aufklärung schwerster Kriminalität erbringen könne, rechtfertige danach seine Verwertung. Soweit ersichtlich wurde bislang **in keinem Fall angenommen, dass tagebuchartige Aufzeichnungen dem *„unantastbaren Kernbereich“*** angehören. Stattdessen tritt der BGH sofort in eine Abwägung ein, die in Fällen der Schwerstkriminalität stets zu einer Bejahung der Verwertbarkeit führt (vgl. BGHSt 19, 325; 34, 397).

INTIM- ODER GEHEIMSPHÄRE	PRIVATSPHÄRE	SOZIALSPHÄRE
Unantastbarer Kernbereich privater Lebensgestaltung, der der Einwirkung der öffentlichen Gewalt schlechterdings entzogen ist (vgl. BVerfGE 34, 238; 80, 367).	Staat darf aus ***überwiegenden Gründen des Allgemeinwohls*** eingreifen (effiziente Strafverfolgung und Verbrechensbekämpfung, möglichst vollständige Wahrheitsermittlung im Strafprozess, wirksame Aufklärung schwerer Straftaten, vgl. BVerfGE 34, 238; 80, 367).	Staat darf aus ***wichtigen Gründen des Allgemeinwohls*** eingreifen.
Tagebuchaufzeichnungen müssen herausgegeben bzw. dürfen erst gar nicht beschlagnahmt werden (vgl. M-G/S Einl. Rn 56a).	Tagebuchaufzeichnungen dürfen nur nach einer **umfassenden Abwägung, die sich streng an den Grundsätzen der Verhältnismäßigkeit orientiert,** im Einzelfall verwertet werden.	**Bei Tagebuchaufzeichnungen nicht denkbar.** Liegen Aufzeichnungen innerhalb der *„Sozialsphäre“* fehlt ihnen bereits der tagebuchartige Charakter, z.B. wenn der objektive Gehalt des Geschriebenen so sehr im Vordergrund steht, dass die Persönlichkeit des Äußernden dahinter nahezu vollends zurücktritt (vgl. BVerfGE 34, 238)

FALLENDE

CHECKLISTE

ZU DEN FÄLLEN 18 – 21
Diese Stichpunkte sollten Sie sich einprägen:

- ☑ „Kleiner Lauschangriff" (§ 100f StPO)
- ☑ „Großer Lauschangriff" (§ 100c StPO)
- ☑ Telekommunikation (§ 100a StPO)
- ☑ Abgrenzung zwischen „Selbstgespräch" und „Tagebuchaufzeichnungen"

3. *„Dashcam-Aufzeichnungen"*

Problematik

Da eine ***„Dashcam"*** Personen, ihre Handlungen und Daten (z.B. Kfz-Kennzeichen) im Straßenverkehr erfasst und aufzeichnet, könnte dieser Vorgang **gegen datenschutzrechtliche Bestimmungen verstoßen** und mithin zu einem **Beweisverwertungsverbot** von Dashcam-Videos führen.

Nach ***§ 51 BDSG (§§ 4 I, 4a BDSG a.F.)***, dessen verfassungsrechtliche Grundlage das ***„Recht auf informationelle Selbstbestimmung"*** bildet, das seinerseits wiederum Teil des umfassenden ***„Allgemeinen Persönlichkeitsrechts"*** ist, dürfen ***„Personenbezogene Daten"*** nur mit Einwilligung des Betroffenen oder auf Grund einer Rechtsvorschrift erhoben, verarbeitet oder genutzt werden. In ***§ 46 Nr. 1 BDSG (§ 3 I BDSG a.F.)*** wird der Begriff der ***„Personenbezogenen Daten"*** definiert. Danach sind es Einzelangaben über persönliche oder sachliche Verhältnisse einer bestimmten oder bestimmbaren natürlichen Person.
Das „Recht auf informationelle Selbstbestimmung" schützt die ***Freiheit selbst zu bestimmen, wann und in welchem Umfang persönliche Lebenssachverhalte preisgeben werden.*** Nach Ansicht des BVerfG (vgl. BVerfGE 65, 1) gibt es *unter den Bedingungen der automatischen Datenverarbeitung kein „belangloses" Datum mehr.*

OLG Stuttgart

Im Hinblick auf die Verwertung privat gefertigter ***Dashcam-Videos in einem Ordnungswidrigkeiten*-Verfahren** hat das **OLG Stuttgart** (vgl. OLG Stuttgart 4 Ss 543/15) offen gelassen, ob bzw. unter welchen Umständen die Nutzung einer Dashcam durch einen Verkehrsteilnehmer gegen **§ 4 BDSG (§ 6b BDSG a.F.)** verstößt, der die Beobachtung öffentlich zugänglicher Räume mit optisch-elektronischen Einrichtungen nur in engen Grenzen zulässt (vgl. hierzu auch OLG Hamburg 1 Rev 12/17 zur Verwertbarkeit von Videoaufzeichnungen im Kaufhaus). Denn jedenfalls enthalte ***§ 4 BDSG (§ 6b BDSG a.F.)* kein Beweisverwertungsverbot *für das Straf- und Bußgeldverfahren***. Zwar griffen Videoaufnahmen von Verkehrsvorgängen in das ***„Allgemeine Persönlichkeitsrecht"*** des Betroffenen ein, die Intensität und Reichweite des Eingriffs seien jedenfalls aber dann nur gering, sofern es sich lediglich um eine sog. ***„anlassbezogene"*** Videoaufzeichnung handele, d.h. die Dashcam erst nach einem vorangegangenen auffälligen Fehlverhalten im Straßenverkehr eingeschaltet und sogleich nach dem Ende des Geschehnisses wieder ausgeschaltet werde. Im Rahmen der Abwägung seien zudem die ***hohe Bedeutung der Verfolgung schwerer Verkehrsverstöße für die Sicherheit des Straßenverkehrs*** und das ***Gewicht des Verstoßes im Einzelfall*** zu berücksichtigen (vgl. auch AG Nienburg BeckRS 2015, 00708).

BGH
Ähnlich urteilt nunmehr auch der 6. Zivilsenat des **BGH** (vgl. BGH VI ZR 233/17) zur Verwertbarkeit privat gefertigter Videoaufzeichnungen einer sog. ***„Dashcam" in einem Zivilprozess***. Danach **verstoße** die vorgelegte Dashcam-Aufzeichnung **zwar gegen *§ 51 BDSG (§§ 4 I, 4a BDSG a.F.)***, da sie ohne Einwilligung der Betroffenen erfolgt sei und nicht auf ***§ 4 BDSG (§ 6b BDSG a.F.)*** gestützt werden könne. ***Jedenfalls eine permanente anlasslose Aufzeichnung des gesamten Geschehens auf und entlang der Fahrstrecke*** des Klägers sei zur Wahrnehmung seiner Beweissicherungsinteressen ***nicht erforderlich und*** daher ***unzulässig,*** denn es sei ***technisch möglich, eine kurze, anlassbezogene Aufzeichnung unmittelbar des Unfallgeschehens zu gestalten, z.B. durch ein dauerndes Überschreiben der Aufzeichnungen in kurzen Abständen und Auslösen der dauerhaften Speicherung erst bei Kollision oder starker Verzögerung des Fahrzeuges.***
Dennoch sei die vorgelegte Videoaufzeichnung **als Beweismittel im Unfallhaftpflichtprozess *verwertbar,*** da die ***Unzulässigkeit oder Rechtwidrigkeit einer Beweiserhebung nicht ohne Weiteres zu einem Beweisverwertungsverbot führe.*** Über die Frage der Verwertbarkeit sei vielmehr aufgrund ***einer Interessen- und Güterabwägung nach den im Einzelfall gegebenen Umständen*** zu entscheiden.
So spreche für die Verwertung des Dashcam-Videos das Interesse des Klägers ***„an der Durchsetzung seiner zivilrechtlichen Ansprüche, seinem im Grundgesetz verankerten Anspruch auf rechtliches Gehör in Verbindung mit dem Interesse an einer funktionierenden Zivilrechtspflege".*** Dahinter müssten das ***„Allgemeine Persönlichkeitsrecht"*** des anderen Unfallbeteiligten ***„in seiner Ausprägung als Recht auf informationelle Selbstbestimmung und gegebenenfalls als Recht am eigenen Bild"*** zurückstehen.

Dies gelte umso mehr, als dass sich das ***Geschehen im öffentlichen Straßenraum ereignet habe, in den sich der Beklagte freiwillig begeben*** habe. Er habe sich ***durch seine Teilnahme am öffentlichen Straßenverkehr selbst der Wahrnehmung und Beobachtung durch andere Verkehrsteilnehmer ausgesetzt.*** In diesem Zusammenhang seien ***nur Vorgänge auf öffentlichen Straßen aufgezeichnet worden, die grundsätzlich für jedermann wahrnehmbar seien.*** Mit anderen Worten: *„Im öffentlichen Raum muss jeder damit rechnen, fotografiert oder gefilmt zu werden."*

Zu berücksichtigen sei auch, dass das Gesetz den ***Beweisinteressen des Unfallgeschädigten durch die Regelung des § 142 StGB*** **(Unerlaubtes Entfernen vom Unfallort)** ***ein besonderes Gewicht zugewiesen*** habe. Danach müsse ***jeder Unfallbeteiligte ohnehin die Feststellung seiner Person, seines Fahrzeugs und die Art seiner Beteiligung durch seine Anwesenheit und durch die Angabe, dass er an dem Unfall beteiligt sei, ermöglichen.*** Nach ***§ 34 StVO*** seien ***auf Verlangen der eigene Name und die eigene Anschrift anzugeben, der Führerschein und der Fahrzeugschein vorzuweisen sowie Angaben über die Haftpflichtversicherung*** zu machen.

Schließlich sei der häufigen ***besonderen Beweisnot*** eines Geschädigten Rechnung zu tragen, die aus der Schnelligkeit des Verkehrsgeschehens resultiere. Unfallanalytische Gutachten setzen verlässliche Anknüpfungstatsachen voraus, an denen es häufig fehle.

Auch der Umstand, dass Dashcam-Videos in das ***„Allgemeine Persönlichkeitsrecht"*** **anderer (mitgefilmter) Verkehrsteilnehmer** eingriffen, führe nicht zu einer anderen Gewichtung. **Denn ihrem Schutz sei vor allem durch die Regelungen des Datenschutzrechts Rechnung zu tragen, *die allerdings nicht auf ein Beweisverwertungsverbot abzielten.***

4. *„Bodycam-Aufzeichnungen"*

Das LG Düsseldorf hat entschieden, dass die Aufnahmen einer ***„Bodycam"*** einer Polizistin als Beweismittel in einem Strafprozess herangezogen werden dürfen. Das gelte selbst dann, wenn objektiv gar kein Anlass mehr bestanden habe, das Geschehen zu filmen.
Im konkreten Fall war eine 60-jährige Frau wegen Tötung ihres Ehemanns angeklagt. Eine Polizistin, die nach Eingang des Notrufs mit einem Kollegen zuerst die Wohnung der Eheleute betrat, hatte dabei die Kamera eingeschaltet und etwa eine halbe Stunde lang weiterlaufen lassen. Auf dem dabei entstandenen Video hat die Angeklagte keinen Zweifel daran gelassen haben, dass sie die Täterin sei.
Der Verteidiger der Angeklagten, die in der Hauptverhandlung die Aussage verweigerte, argumentierte, die Beamtin hätte die Aufnahmen stoppen müssen, als sie am Ort des Geschehens feststellte, dass keine Gefahr bestand. Daher liege ein Verstoß gegen das NRW-Polizeigesetz vor, wonach Beamte nur dann filmen dürften, wenn für sie Gefahr für Leib und Leben bestehe.
Das sah ***im Grundsatz*** auch das LG Düsseldorf so. *Zwar habe die Beamtin gegen das NRW-Polizeigesetz verstoßen,* ***dieser Verstoß ändere jedoch nichts an der Verwertbarkeit der Aufnahmen. Die Aufklärung des Totschlagsverbrechens wiege schwerer als der Gesetzesverstoß. Es sei „lebensnah", dass die Beamtin in der konkreten Situation in der engen Wohnung schlicht vergessen habe, die Kamera abzustellen, so dass jedenfalls kein Fall von „Vorsatz" oder gar „Willkür" vorgelegen habe. Ein Beweisverwertungsverbot ergebe sich daraus mithin nicht.***

IV. BEWEISERHEBUNG DURCH ZEUGENVERNEHMUNG

1. § 52 StPO

FALL 22

Sachverhalt (vgl. BVerfG 2 BvR 2438/08; BeckRS 2009, 41446)

Der Angeklagte A wurde nach einem Sparkassenüberfall wegen „Erpresserischen Menschenraubs in Tateinheit mit Schwerer räuberischer Erpressung" verurteilt. Von der Tatbeteiligung des A – der zu den Vorwürfen keine Angaben gemacht hatte – überzeugte sich das LG maßgeblich anhand eines Gesprächs zwischen dem Mittäter des A namens M und dem Bruder des A, das im Pkw des Bruders geführt und auf Grund einer prozessual ordnungsgemäßen richterlichen Anordnung nach § 100f

StPO im Rahmen eines anderweitigen Ermittlungsverfahrens überwacht und protokolliert wurde. Den dort gefallenen Äußerungen des Bruders des A entnahm das Gericht, dass A seinerzeit an der Tat beteiligt gewesen sein müsse.
In der Hauptverhandlung verweigerte der Bruder des A das Zeugnis nach § 52 I Nr. 3 StPO. Sein Gesprächspartner M bestritt sogar eine Tatbeteiligung des A. Der Verteidiger widersprach in der Hauptverhandlung der Verwertung des abgehörten Gesprächs.
Im Rahmen der Revision erhob A die Verfahrensrüge, mit der er die Verwertung des geschilderten Gesprächs angriff und die Auffassung vertrat, diesbezüglich müsse ein Beweisverwertungsverbot bestehen.

LÖSUNG

Aufgrund des **BESTEHENS EINES *„SELBSTSTÄNDIGEN BEWEISVERWERTUNGSVERBOTS"* WEGEN VERLETZUNG DES *„RECHTS AUF EIN FAIRES VERFAHREN"* (Art. 6 I 1 EMRK)** könnte die Verwertung des durch die Innenraumüberwachung des Pkws erlangten Gesprächsinhalts zwischen dem Bruder des A und M rechtsfehlerhaft gewesen sein.

Zwar gehöre der **Schutz des *„Angehörigenverhältnisses"*** zu den **rechtsstaatlich unverzichtbaren Bestandteilen** und sei regelmäßig berührt, wenn das Zeugnisverweigerungsrecht nach § 52 StPO angetastet würde. Dies folge daraus, dass der Normzweck nicht nur darin bestehe, **Loyalitäts- und Gewissenskonflikte des vernommenen Zeugen** zu vermeiden (vgl. BVerfG NStZ-RR 2004, 18), sondern **auch den Rechtskreis des Angeklagten zu schützen** (vgl. BGHSt 11, 213); auch die Absicherung dieses Rechts über das (grundsätzliche) Beweisverwertungsverbot des § 252 StPO zähle zum unantastbaren Kernbereich.

Allerdings ziele zum einen Art. 1 I GG auf den **Schutz der Vertraulichkeit der Kommunikation zwischen *dem Beschuldigten und Personen des höchstpersönlichen Vertrauens*** (vgl. BVerfGE 109, 279). Er führe aber zu **keiner Privilegierung von Gesprächen *eines Angehörigen des Beschuldigten mit einem beliebigen Dritten*.**
Zum anderen setze der Schutz des Angehörigenverhältnisses auch immer eine ***„Vernehmungssituation"*** voraus, da es sonst an einer **Konfliktlage des Zeugen** fehle, bei der das **„*Zeugnis*"-Verweigerungsrecht** gerade ansetze. Zu den *„Grundsätzen eines fairen Verfahrens"* gehöre nämlich auch, dem Staat eine **bewusste Umgehung des Zeugnisverweigerungsrechts durch eine gezielte Ausforschung zeugnisverweigerungsberechtigter Personen außerhalb von Vernehmungssituationen,** etwa durch Vertrauenspersonen, zu verwehren.
Diese *„Grundsätze eines fairen Verfahrens"* seien vorliegend aber nicht angetastet worden. Die Äußerungen des Bruders des A seien weder in einer Vernehmungssituation noch unter Umgehung einer solchen Situation getätigt worden. Es handele sich lediglich um die **Verwertung von *„Zufallserkenntnissen"* aus einer in anderer Sache gegen einen anderen Beschuldigten** rechtmäßig angeordneten heimlichen Ermittlungsmaßnahme.

FALLENDE

Folglich bestand für die Erkenntnisse, die aus dem abgehörten Gespräch des Bruders des A mit dem M gewonnenen worden waren, kein Beweisverwertungsverbot.

Sachverhalt (vgl. BGH 2 StR 445/02; BeckRS 2003, 06149)

Das LG hat den Angeklagten A wegen Vergewaltigung in Tateinheit mit Körperverletzung verurteilt. Nach den Feststellungen hatte A die Zeugin Z in deren Wohnung an den Haaren gezogen, ihren Kopf gegen die Wand geschlagen, anschließend ihr die Hände auf dem Rücken festgehalten und gegen ihren Willen den Geschlechtsverkehr vollzogen. Das LG stützte die Verurteilung des die Taten bestreitenden A überwiegend auf Bekundungen der Zeugin Z bei ihrer Vernehmung durch den Ermittlungsrichter.

Mit seiner Revision machte A u.a. eine Verletzung des § 52 StPO geltend. Seiner Rüge lag folgender Sachverhalt zu Grunde: Die Zeugin Z erstattete im Februar 2002 gegen den A bei der Kriminalpolizei Strafanzeige wegen der später abgeurteilten Tat. Zu Beginn ihrer polizeilichen Vernehmung verneinte sie die Frage, ob sie mit dem Angeklagten verlobt, verheiratet, verwandt oder verschwägert sei. In der Aussage selbst schilderte Z das der Verurteilung zu Grunde liegende Geschehen vom 19.02.2002. Sie erklärte dabei, dass sie mit A seit Januar 2000 zusammen gewesen sei und mit ihm in einer Wohnung gewohnt habe. Im Oktober 2001 habe sie sich von A getrennt. Bei einer weiteren polizeilichen Vernehmung, bei der Z ihre belastenden Angaben wiederholte, verneinte sie wiederum die Frage, ob sie mit A „verlobt, verheiratet, verwandt oder verschwägert" sei. Die Tatvorwürfe bestätigte sie schließlich auch in ihrer Vernehmung durch den Ermittlungsrichter R im März 2002, wobei sie auf dessen ausdrückliche Frage erneut erklärte, mit dem Angeklagten nicht verlobt zu sein. Z beantragte im Verlauf des Ermittlungsverfahrens auch ihre Zulassung als Nebenklägerin. Nach Anklageerhebung legte der Verteidiger des A im Mai 2002 eine schriftliche Erklärung der Z vor, in der diese ankündigte, ab sofort als Verlobte von ihrem Zeugnisverweigerungsrecht gem. § 52 I Nr. 1 StPO Gebrauch zu machen, ihren Antrag auf Zulassung als Nebenklägerin nahm sie zurück.

In der Hauptverhandlung verweigerte Z als Verlobte des A die Aussage. Nach der Überzeugung des LG, das die Zeugin über die Umstände und den Zeitpunkt des Verlöbnisses angehört hatte, bestand zwischen A und dieser tatsächlich bereits seit Juni 2000 ein rechtswirksames Verlöbnis. Das LG vernahm anschließend den Ermittlungsrichter über die Bekundungen der Zeugin bei ihrer richterlichen Vernehmung im März 2002. Im weiteren Verlauf der Hauptverhandlung beantragte der Verteidiger des A die erneute Vernehmung der Zeugin Z, weil diese sich nunmehr doch zur Sache äußern wolle. Vorgelegt wurde auch eine Erklärung der Z vom Juni 2002, in der es u.a. hieß, die Angaben bei ihren Vernehmungen durch die Kriminalpolizei im Februar 2002 sowie bei ihrer richterlichen Vernehmung im März 2002 seien zu großen Teilen unrichtig. Im Anschluss wurde Z erneut in der Hauptverhandlung als Zeugin vernommen, wobei sie ihre Angaben aus dem Ermittlungsverfahren widerrief und entsprechend der Ankündigung des Verteidigers den Angeklagten A entlastende Angaben machte. Das LG hielt die in der Hauptverhandlung gemachten Angaben der Z für unglaubhaft und legte seinem Urteil deren Bekundungen vor dem Ermittlungsrichter zu Grunde. Zu Recht?

LÖSUNG

Die Verwertung der in der Hauptverhandlung gemachten Angaben der mit dem Angeklagten verlobten Zeugin Z könnte wegen Verstoßes gegen § 52 StPO rechtsfehlerhaft gewesen sein.

I. VERSTOSS GEGEN DAS „*BEWEISERHEBUNGSVERBOT*" DES § 52 StPO?

Im Rahmen seiner Ausführungen zur Rüge der Verletzung des § 52 III 1 StPO stellt der BGH zunächst die in der Rechtsprechung zu dem ***„selbstständigen*** **Beweisverwertungsverbot" des § 252 StPO** entwickelten Grundsätze dar. Danach statuiert § 252 StPO, der seinem bloßen Wortlaut nach nur ein Verlesungsverbot enthält, ein Verwertungsverbot, **das auch jede andere Verwertung, insbesondere die Vernehmung von Verhörspersonen, ausschließe,** wobei jedoch ***Aussagen vor Richtern*** **anders zu behandeln** sind als Aussagen vor anderen Vernehmungspersonen. Mache ein Zeuge in der Hauptverhandlung von seinem Zeugnisverweigerungsrecht Gebrauch, so dürfe daher über den Inhalt seiner Aussage, die er bei einer früheren richterlichen Vernehmung nach Belehrung über sein Zeugnisverweigerungsrecht gemacht hat, **durch Vernehmung *des Ermittlungsrichters*** Beweis erhoben werden (vgl. BGHSt 2, 99).

Allerdings, so der BGH in einer weiteren Entscheidung (vgl. BGH 5 StR 555/19), mit der er sich der Auffassung des 3. Senats (vgl. BGHSt 49, 23) anschließt, ***stehe die nachträgliche Ausübung eines Zeugnisverweigerungsrechts der Verwertung der Bild-Ton-Aufzeichnung einer früheren richterlichen Vernehmung nach § 255a II StPO nicht entgegen***. Für diese Auslegung spreche, dass ein vom Ermittlungsrichter ordnungsgemäß vernommener Zeuge die Verwertung dieser Angaben durch eine nachträgliche Ausübung seines Zeugnisverweigerungsrechts grundsätzlich nicht verhindern könne (vgl. BGHSt 61, 221 mwN.). In diesem Fall sei es ***mit dem verfassungsrechtlichen Gebot bestmöglicher Sachaufklärung*** (vgl. BVerfGE 133, 168 mwN.) ***nicht vereinbar, auf das regelmäßig überlegene Beweismittel der Videoaufnahme einer Vernehmung zu verzichten, um stattdessen den Ermittlungsrichter zum Inhalt der Zeugenaussage vernehmen zu müssen. § 255a II StPO nehme – anders als § 255a I StPO – gerade nicht auf § 252 StPO Bezug und habe einen von § 255a I StPO unabhängigen Regelungsgehalt***. Gründe des ***Opferschutzes*** sprächen ebenso für diese Auslegung. Mithin sei eine ***analoge Anwendung der Verweisung auf § 252 StPO*** im Rahmen von § 255a II StPO ***aufgrund des abweichenden*** Normzwecks dieses Absatzes ***nicht geboten***.

II. RECHTSFOLGE: „*BEWEISVERWERTUNGSVERBOT*"?

Hinsichtlich der Frage, ob ein „*Beweisverwertungsverbot*" aus einem Verstoß gegen § 52 StPO folge, sei zu differenzieren:

1. Zeugnisverweigerungsrecht *erst nach der Vernehmung im Ermittlungsverfahren entstanden* oder *Belehrung gem. § 52 III 1 StPO erst gar nicht erfolgt*

Sei **das ein Zeugnisverweigerungsrecht begründende Rechtsverhältnis *erst nach der Vernehmung im Ermittlungsverfahren entstanden*** oder eine ***Belehrung gem. § 52 III 1 StPO erst gar nicht erfolgt,*** dürfe **selbst die Bekundung vor einem Richter nicht in das Verfahren eingeführt und verwertet** werden (vgl. BGHSt 14, 159; M-G/S § 52 Rn 32 ff.). Der sich seines Zeugnisverweigerungsrechts nicht bewusste Zeuge könne sich nicht für die Ausübung dieses Rechts entscheiden. Dieser Umstand verletze nicht nur ein Recht des Zeugen, sondern auch den **Rechtskreis des Angeklagten,** denn Schutzzweck von § 52 StPO sei es, familiäre Bindungen nicht durch Aussagepflichten zu belasten. Deshalb bestehe Einigkeit, dass es der Schutzzweck des § 52 StPO gebiete, in diesen Fällen **eine Verwertung *auch in Form der Richtervernehmung* nicht zuzulassen.**

2. *Aussage des Zeugen in der Hauptverhandlung nach Belehrung gem. § 52 III 1 StPO* und *zumindest konkludentes Einverständnis mit dem Rückgriff auf die frühere Aussage*

Etwas anderes gelte allerdings dann, wenn der Zeuge *in der Hauptverhandlung nach Belehrung gem. § 52 III 1 StPO ausgesagt* und *zumindest konkludent zu erkennen gegeben habe, dass er mit dem Rückgriff auf die frühere Aussage einverstanden sei* (vgl. BGHSt 20, 234). Zwar betreffe diese Ausnahme nur solche Aussagen in der Hauptverhandlung, in denen ein Zeuge inhaltlich bei den *belastenden* Angaben geblieben sei (vgl. BGH NStZ 1999, 91). Doch ist der BGH der Auffassung, dass nichts Anderes für Fälle wie den vorliegenden gelten könne, bei dem die Zeugin Z ihre früheren, den A ***belastenden Angaben nicht mehr gelten lassen wolle* und *trotz ihres Zeugnisverweigerungsrechts aussage, um ihre früheren Angaben zu entkräften und den Angeklagten A zu entlasten.***

Der BGH begründet dies damit, dass **sich der Zeuge in diesem Falle in Kenntnis seiner Rechte *insgesamt als Beweismittel* zur Verfügung stelle** und er damit seine Rechte aus § 252 StPO ausgeschöpft habe. Da das auf einem Verstoß gegen § 52 III 1 StPO beruhende Beweisverwertungsverbot allein dem Zweck diene, dass der zur Zeugnisverweigerung Berechtigte bis zur Hauptverhandlung frei entscheiden könne, ob seine frühere Aussage verwertet werden dürfe (vgl. BGHSt 45, 203), könne der Zeuge auch nur in diesem Rahmen darüber verfügen. Dies bedeute, dass er, **wenn er sich zur Aussage in der Hauptverhandlung entschlossen habe, keine Möglichkeit mehr habe, den Umfang der Verwertbarkeit seiner Aussage selbst zu bestimmen** (vgl. BGHSt 17, 324).

Der BGH untermauert seine Auffassung mit zwei weiteren Argumenten: Zum einen **erfordere die Glaubwürdigkeits- und Glaubhaftigkeitsprüfung des Zeugen auch die Einbeziehung der früheren – belastenden – Aussage**. Zum anderen geböte das Interesse der Allgemeinheit, dass **dem Einfluss eines Zeugen auf ein Strafverfahren dort Grenzen gezogen würden,** wo seine eigenen schutzwürdigen Interessen dies nicht mehr zwingend gebieten (vgl. BGHSt 2, 99). Insbesondere in Fällen unlauterer Manipulationen gebühre dem Grundsatz der Wahrheitserforschung Vorrang vor den Interessen des Zeugen (vgl. BGHSt 45, 342). Das gelte auch für den Fall des ***wahrheitswidrigen Verschweigens eines Verlöbnisses*** und der späteren Aussagebereitschaft des Zeugen (vgl. OLG Oldenburg, NJW 1967, 1872). Würde das auf das Verhalten des Zeugen zurückzuführende Unterbleiben der Belehrung generell ohne Rücksicht auf den Einzelfall zur Unverwertbarkeit dieser Bekundungen führen, während seine sonstigen Angaben der Beweiswürdigung zu Grunde gelegt werden müssten, **läge es in der Hand des Zeugen, dem Gericht bestimmte Beweise vorzuenthalten, während er ihm andere „aufnötigen" könne.**

Hätte die Zeugin Z bei ihrer Vernehmung vor dem Ermittlungsrichter im März 2002 das eine Belehrung nach § 52 III 1 StPO gebietende Verlöbnis mit A nicht verschwiegen, wäre sie unzweifelhaft über ihr Zeugnisverweigerungsrecht belehrt worden. Sie hätte in diesem Fall aber selbst nach ordnungsgemäßer Belehrung, wie die Umstände der Aussage belegen, ausgesagt und A belastet. Mithin durfte die Aussage der Z vor dem Ermittlungsrichter dem Urteil gegen A auch zugrunde gelegt werden.

Anmerkung: Erfordernis einer *„Qualifizierten Belehrung"*

Zum ***Umfang der Belehrungspflicht eines zeugnisverweigerungsberechtigten Zeugen durch den Ermittlungsrichter*** vertrat der ***2. Strafsenat* des BGH** die Auffassung, dass in solchen Fällen **ergänzend zu Belehrung gem. § 52 III 1 StPO *eine „qualifizierte Belehrung"* erforderlich** sei, durch die der Zeuge darauf hingewiesen werde, dass seine Aussage auch dann in die Hauptverhandlung eingeführt und verwertet werden könne, wenn er dort von seinem Zeugnisverweigerungsrecht Gebrauch mache (vgl. BGH NStZ 2014, 596). Der *2. Senat* begründete dies mit der Erwägung, dass der Zeuge nur dann die Tragweite seiner Entscheidung, auszusagen, richtig einschätzen könne, wenn ihm die verfahrensrechtlichen Konsequenzen bewusst seien.

Dem wollten die anderen Strafsenate allerdings nicht folgen. Sie kündigten daher an, an der bisherigen Rechtsprechung festzuhalten, die keine derartige *„qualifizierte Belehrung"* vorsieht. Der *2. Senat* hat die Frage daraufhin dem ***Großen Senat für Strafsachen*** zur Entscheidung vorgelegt.

Dieser hat nunmehr entschieden, dass ein zur Zeugnisverweigerung berechtigter Zeuge bei einer richterlichen Vernehmung im Ermittlungsverfahren nicht darüber belehrt werden müsse, dass seine Aussage auch dann in die Hauptverhandlung eingeführt und verwertet werden könne, wenn er dort von seinem Zeugnisverweigerungsrecht Gebrauch mache (vgl. BGH NStZ-RR 2017, 21). **Eine weitergehende *qualifizierte Belehrungspflicht* bestehe nicht.** Der Große Strafsenat begründet dies zum einen damit, dass eine solche Pflicht **dem Gesetz nicht zu entnehmen** sei. Ausdrückliche Belehrungen über die Möglichkeit, Angaben von Verfahrensbeteiligten im weiteren Verfahren zu verwerten, seien dem deutschen Strafprozessrecht fremd. **Auch die EMRK fordere eine solche Belehrung nicht.** Nach der Rechtsprechung des EGMR könnten im Ermittlungsverfahren erlangte Aussagen grundsätzlich verwertet werden, solange der Angeklagte ausreichend Gelegenheit gehabt habe, die Bekundungen in Zweifel zu ziehen. Schließlich sei davon auszugehen, dass **einem Zeugen bei einer *richterlichen* Vernehmung regelmäßig klar sei, dass er im Falle einer Aussage diese nicht so ohne Weiteres wieder beseitigen könne.** Daher bedürfe es keines gesonderten Hinweises auf die spätere Verwertbarkeit der Aussage durch Vernehmung der richterlichen Verhörsperson.

FALLENDE

2. § 252 StPO

FALL 24

Sachverhalt (vgl. OLG Saarbrücken Ss 70/07 (78/07); BeckRS 9998, 36495)

Das AG hat den einschlägig vorbestraften Angeklagten A wegen fahrlässiger Gefährdung des Straßenverkehrs in Tateinheit mit fahrlässiger Körperverletzung und wegen unerlaubten Entfernens vom Unfallort begangen in Tateinheit mit vorsätzlicher Trunkenheit im Verkehr verurteilt. Seine Überzeugung von der Täterschaft des die Tat bestreitenden und in der Hauptverhandlung schweigenden A hat das AG ausweislich der Urteilsgründe entscheidend auf die Äußerungen gestützt, die seine Ehefrau F zunächst fernmündlich gegenüber der zuständigen Polizeiinspektion und später im Beisein des nunmehr als Zeugen vernommenen Polizeibeamten P in einem Streitgespräch mit ihrem Ehemann getätigt hatte.
Mit der Revision rügte A die Verwertung der früheren Angaben seiner Ehefrau gegenüber der zuständigen Polizeiinspektion sowie gegenüber dem Polizeibeamten P. E hatte in der Hauptverhandlung von ihrem Zeugnisverweigerungsrecht Gebrauch gemacht hatte.

LÖSUNG

I. Wegen VERSTOSSES GEGEN DAS *„SELBSTSTÄNDIGE BEWEISVERWERTUNGSVERBOT“* des § 252 StPO könnte die Verwertung der Angaben seiner Ehefrau gegenüber der zuständigen Polizeiinspektion sowie gegenüber dem Polizeibeamten P rechtsfehlerhaft gewesen sein.

Nach **§ 252 StPO** darf die Aussage eines vor der Hauptverhandlung vernommenen Zeugen, der erst in der Hauptverhandlung von seinem Zeugnisverweigerungsrecht Gebrauch macht, nicht verlesen werden. Als ***„Vernehmung“*** in diesem Sinne ist dabei **nicht nur** eine unter Beachtung des § 163 II 2 StPO durchgeführte ***„förmliche Zeugenvernehmung“*** anzusehen. Der Begriff der Vernehmung ist vielmehr ***weit auszulegen*** und umfasst alle früheren Bekundungen auf Grund einer amtlichen Befragung, also **auch** Angaben bei einer ***„Informatorischen Befragung“*** durch die Polizei (vgl. BGHSt 29, 230; OLG *Jena* StV 2006, 518 = BeckRS 2006, 04334). Entscheidend ist, dass die Auskunftsperson von einem Staatsorgan in amtlicher Eigenschaft zu dem den Gegenstand des Strafverfahrens bildenden Sachverhalt gehört worden ist.

II. RECHTSFOLGE: *„BEWEISVERWERTUNGSVERBOT“*?

1. Auch bzgl. *„Vernehmung nichtrichterlicher Verhörspersonen“*
Zwar erstreckt sich das **Beweisverwertungsverbot** dem Wortlaut nach nur auf die ***Verlesung von Vernehmungsprotokollen,*** allerdings ist die Vorschrift nach ständiger höchstrichterlicher Rechtsprechung **über ihren Wortlaut hinaus** dahingehend auszulegen, dass auch ***jede andere Verwertung* der bei einer *nichtrichterlichen* Vernehmung gemachten Angaben einer zeugnisverweigerungsberechtigten Person,** insbesondere die ***Vernehmung nichtrichterlicher Verhörspersonen*** zum Inhalt früherer Aussagen von Zeugen unzulässig ist (vgl. BGHSt 2, 99; BGH NStZ 2000, 160; M-G/S § 252 Rn 12a, 13).

Wären die den A belastenden Angaben der Ehefrau E **in einer *zumindest vernehmungsähnlichen* Situation** erlangt worden, so dürften die Bekundungen der E zur Täterschaft des A auch nicht durch Vernehmung des Polizeibeamten P in die Hauptverhandlung eingeführt werden – und zwar unabhängig davon, ob der Verteidiger des A in der Hauptverhandlung der Verwertung der Aussage des P widerspricht (vgl. BGH NStZ 2007, 353). Begründet wird dies damit, dass § 252 StPO dem **Schutz der familiären Verhältnisse** dient und dem Zeugen die Situation erspart bleiben soll, einen Angehörigen durch seine Aussage belastet zu haben. Erreicht werden kann dieser Zweck aber nur, wenn die **frühere Aussage als Grundlage der Überzeugungsbildung überhaupt unberücksichtigt bleibt** und dem Zeugen damit bis zur Hauptverhandlung die Entscheidung über eine Belastung des Beschuldigten verbleibt.

2. Einschränkungen

Die Rechtsprechung hat allerdings ***zwei wesentliche Einschränkungen*** des aus § 252 StPO folgenden umfassenden Beweisverwertungsverbots herausgearbeitet.

a) *Zeugenaussage im Rahmen einer ordnungsgemäßen ermittlungsrichterlichen Vernehmung*

Zum einen gilt das Verwertungsverbot nicht für ***ordnungsgemäße ermittlungsrichterliche* Vernehmungen des Zeugen *vor der Hauptverhandlung*** (vgl. BGHSt 32, 25; BGH NStZ 2012, 521; M-G/S § 252 Rn 14). Die in dieser Vernehmung gemachten Angaben des Zeugen können durch **Vernehmung des Ermittlungsrichters** in die Hauptverhandlung eingeführt werden, **sofern das Zeugnisverweigerungsrecht *bereits zur Zeit der früheren Vernehmung* bestanden** haben. Begründet wird dies mit der **höheren Qualität *richterlicher* Vernehmungen (und Belehrungen)** des Zeugnisverweigerungsberechtigten. Die richterliche Belehrung biete die Gewähr dafür, dem Zeugen Kenntnis von seinem Weigerungsrecht zu verschaffen und ihm die Tragweite seines Handelns bewusst zu machen (vgl. BGHSt 2, 99).
Wird die *richterliche* Vernehmungsperson über die frühere Aussage eines Zeugen vernommen, dürfen ihr **zum Zwecke der Auffrischung ihres Gedächtnisses** auch ***„Vorhalte“*** aus dem damaligen Vernehmungsprotokoll gemacht werden.
Ist das **Zeugnisverweigerungsrecht *dagegen erst später entstanden***, hat der Zeuge den Konflikt zwischen Aussageverweigerung und Belastung des Angehörigen bei seiner damaligen Vernehmung noch gar nicht lösen können. Daher darf über die frühere Aussage des Zeugen **auch nicht durch Vernehmung des *Ermittlungsrichters*** Beweis erhoben werden.

b) *Bekundungen eines Zeugen außerhalb einer „Vernehmung i.S.d. § 252“*

Die zweite, vorliegend relevante Ausnahme wird für **Äußerungen *außerhalb von Vernehmungen*** anerkannt, denn die Konfliktlage des Zeugen, auf die § 252 StPO Rücksicht nimmt, besteht nur, soweit jemand in Erfüllung einer Zeugenpflicht aussagen soll oder ausgesagt hat, nicht jedoch, sofern der Zeuge sich geäußert hat, ohne sich dazu durch eine Zeugnispflicht gezwungen fühlen zu müssen (vgl. BGHSt 1, 373). Hierunter sollen ***in entsprechender Anwendung des § 252 StPO auch frühere vernehmungsbasierte Aussagen eines Zeugnisverweigerungsberechtigten in einem Zivilrechtsstreit*** fallen, da sich ein Zeuge, der in einem

Zivilrechtsstreit oder aber in einem Verfahren der „Freiwilligen Gerichtsbarkeit" nach dem FamFG Aussagen zu machen hat, die geeignet sind, einen Angehörigen zu belasten, in einer Lage befindet, die derjenigen des Zeugen in einem Strafverfahren vergleichbar ist.

Da eine „*Vernehmung*" voraussetzt, dass der Vernehmende dem Zeugen in amtlicher Funktion gegenübertritt (und in dieser Funktion von ihm Auskunft verlangt), sind daher Bekundungen gegenüber Privatpersonen, aber auch Erklärungen gegenüber Amtspersonen, die der Angehörige **von sich aus außerhalb einer Vernehmung**, etwa bei der ***Bitte um polizeiliche Hilfe***, bei einer ***nicht mit einer Vernehmung verbundenen Strafanzeige*** oder sonst ***„ungefragt" und „spontan"*** abgegeben hat, verwertbar (vgl. BGHSt 1, 373; BGH NStZ 2007, 712; M-G/S § 252 Rn 8; vgl. OLG Hamburg 1 Ws 114/17; BeckRS 2018, 3916: ***Kein Beweisverwertungsverbot für Angaben im Rahmen eines Antrags auf Erlass einer „Einstweiligen gerichtlichen Anordnung" nach § 1 GewSchG, da sie im Wege eines privatautonomen und eigeninitiativ gestellten Antrags freiwillig (vgl. §§ 210, 214 I 1 i.V.m. §§ 26, 33 I, 51 FamFG) und nicht im Rahmen einer „Vernehmung i.S.d. § 252 StPO" abgegeben wurden; str.).*** Äußerungen, die ein Zeuge vor oder außerhalb einer Vernehmung bzw. ***„aus freien Stücken***" getan hat, können damit z.B. über die Vernehmung eines Zeugen, der die Aussage mitgehört hat ***(sog. „Zeuge vom Hörensagen")***, in die Hauptverhandlung eingeführt werden.

Gemessen hieran unterlagen die früheren Äußerungen der Ehefrau des A gegenüber der Polizeiinspektion am Telefon sowie gegenüber dem Polizeibeamten P keinem Beweisverwertungsverbot. Nach den Urteilsfeststellungen hatte sich E vor polizeilichen Bekanntwerden des Tatverdachts gegen ihren Ehemann telefonisch an die zuständige Polizeiinspektion gewandt und mitgeteilt, dass ihr Mann soeben mit dem Fahrzeug nach Hause gekommen sei, einen Unfall gehabt habe und betrunken sei. Beim Eintreffen des Polizeibeamten P am Wohnanwesen äußerte A – während P noch im Begriff war auszusteigen und bevor er überhaupt Gelegenheit hatte, A oder dessen Frau anzusprechen – *„er wäre nicht gefahren"*, während E dem A vorwarf, *dass er soeben mit dem Fahrzeug nach Hause gekommen sei.* Da der Streit zwischen den Ehegatten eskalierte, wurden sie von P getrennt. Sowohl der Anruf der E bei der Polizeiinspektion als auch die Äußerung des E gegenüber dem Polizeibeamten P erfolgten damit **außerhalb einer *„förmlichen Vernehmung"* oder *„Informatorischen Befragung"*** E schilderte zunächst fernmündlich ***von sich aus, spontan und ungefragt*** den vollständigen Sachverhalt, ohne dass zu diesem Zeitpunkt ein Tatverdacht gegen ihren Mann bestanden hätte. Zum Zeitpunkt des Eintreffens des Polizeibeamten P vor Ort bestand zwar auf Grund der vorangegangenen Mitteilung der E ein Tatverdacht gegenüber A, zu diesem war E allerdings noch gar nicht angehört worden. Vielmehr tätigte sie die weitere Äußerung in einem Streitgespräch mit ihrem Mann A erneut ***ungefragt*** – lediglich im Beisein der Polizeibeamten – und damit außerhalb einer *„Vernehmung i.S.d. § 252 StPO"*.

FALLENDE

FALL 25

Sachverhalt (vgl. LG Stuttgart 7 Qs 52/14, BeckRS 2014, 19703)

E - Ehefrau des A - wandte sich am 11.06.2014 gegen 20:15 Uhr mit einem telefonischen Notruf an die Polizeiinspektion; die Dauer des aufgezeichneten Gesprächs betrug insgesamt 3:54 Min. Nachdem sich der Polizeibeamte P mit den Worten „Polizeinotruf" gemeldet hatte, entwickelte sich ein Telefongespräch mit folgenden Inhalt: „Ja, guten Tag. Wir ziehen gerade um und ich war in unserer neuen Wohnung und in der Zeit sollte mein Mann auf unser Baby aufpassen. Als ich nach Hause kam, hat er während er auf das Kind aufpassen sollte, wie er sagt, zwei Weißweinschorlen getrunken. Mittlerweile ist er gegangen und hat den Schlüssel von meinem Auto mitgenommen und ist einfach abgeschwirrt in sein Café." „Ja, und um was geht es Ihnen jetzt?" „Äh, mir geht's darum, dass wenn wir uns jetzt scheiden lassen, ich nicht möchte, dass er mit meiner Tochter ohne Aufsicht ist. Man hat ja gesehen, dass er nicht auf sie aufpasst und trinkt." „Ja und wie wollen sie das jetzt nachweisen? Nur weil sie jetzt hier angerufen haben, oder was? Verstehe ich jetzt nicht? Also, ist er jetzt betrunken mit dem Auto unterwegs oder was?" (Min. 1:14) [...]. In der Folge wurde A in seinem Café aufgegriffen. Vor dem Geschäft stand der Wagen der E, in der Hosentasche des A befand sich der dazugehörige Autoschlüssel. Bei den um 21:55 Uhr sowie um 22:25 Uhr entnommenen Blutproben ergab sich eine BAK von 1,32 und 1,25 Promille. In der Hauptverhandlung hatte die Ehefrau E von ihrem Zeugnisverweigerungsrecht Gebrauch gemacht. Dennoch wurde A wegen „Trunkenheitsfahrt" verurteilt und ihm die Fahrerlaubnis entzogen. A wendet ein, dass der Telefonmitschnitt des an die Polizeiinspektion gerichteten Notrufs seiner Ehefrau vom 11.06.2014 nicht hätte verwertet werden dürfen. Zu Recht?

LÖSUNG

I. Wegen VERSTOSSES GEGEN DAS *„SELBSTSTÄNDIGE BEWEISVERWERTUNGSVERBOT"* des § 252 StPO könnte die Verwertung des Telefonmitschnitts des an die Polizeiinspektion gerichteten Notrufs der Ehefrau des Angeklagten rechtsfehlerhaft gewesen sein.

Zwar erstrecke sich, so das LG, das Verwertungsverbot dem Wortlaut nach nur auf die ***Verlesung von Vernehmungsprotokollen,*** allerdings sei **§ 252 StPO** nach ständiger höchstrichterlicher Rechtsprechung **über seinen Wortlaut hinaus** dahin auszulegen, dass auch ***jede andere Verwertung* der bei einer *nichtrichterlichen* Vernehmung gemachten Angaben einer zeugnisverweigerungsberechtigten Person,** insbesondere die ***Vernehmung nichtrichterlicher Verhörspersonen*** zum Inhalt früherer Aussagen von Zeugen unzulässig sei (vgl. BGHSt 2, 99; BGH NStZ 2000, 160; M-G/S § 252 Rn 12a, 13).

Davon ausgenommen seien Äußerungen, die ein Zeuge unabhängig von einer Vernehmung gemacht hat. **Verwertbar** seien daher ***Bekundungen gegenüber Privatpersonen,*** aber auch ***Erklärungen gegenüber Amtspersonen, die außerhalb einer „Vernehmung",*** z.B. bei einer nicht mit einer Vernehmung verbundenen Strafanzeige oder sonst ***„ungefragt", „spontan" und „aus freien Stücken"*** abgegeben würden. Als spontane Bekundungen aus freien Stücken kämen daher z.B. auch ***Notrufe*** in Betracht. Gerade im Zusammenhang mit einem *polizeilichen Notruf* sei häufig problematisch, **ab welchem Zeitpunkt die spontane Bitte um polizeiliche**

Hilfe in eine *„Informatorische Befragung"* übergehe oder die (bloße) Entgegennahme von spontanen Äußerungen zu einer *„Zeugenvernehmung"* werde. Neben dem Moment, in dem der Beamte subjektiv von einem Anfangsverdacht ausgehe, müsse auch berücksichtigt werden, wie sich das Verhalten des Beamten nach außen in der Wahrnehmung des Befragten darstelle bzw. ob aus dem Verhalten des Beamten für den Befragten auf das Vorliegen eines Anfangsverdachts geschlossen werden könne.

F habe im Rahmen ihres Notrufs zunächst ***aus freien Stücken***, ***ungefragt*** von der Trunkenheitsfahrt ihres Mannes berichtet, ohne dass ein Anfangsverdacht gegen den Angeklagten A bestanden habe. Gemessen hieran, so das LG, ergebe sich die Trunkenheitsfahrt des A bereits aufgrund der **jedenfalls bis zur Min. 1:14 des Gesprächsmitschnitts verwertbaren Äußerungen der F gegenüber dem Polizeibeamten P.**

II. *„UNSELBSTSTÄNDIGES BEWEISVERWERTUNGSVERBOT"* WEGEN VERSTOSSES GEGEN DAS „BEWEISERHEBUNGSVERBOT" DES § 52 III 1 StPO?

Ein ***„Anfangsverdacht"* gegenüber A und somit eine Pflicht zur Belehrung der Ehefrau gem. § 52 III 1 StPO habe damit allerdings ab Min 1:14** bestanden. Da F ab diesem Zeitpunkt – ohne über ihr Zeugnisverweigerungsrecht belehrt worden zu sein – gezielt bezüglich der Trunkenheitsfahrt des Angeklagten A weiter befragt worden sei, seien diese Angaben nicht mehr verwertbar.

FALLENDE

FALL 26

Sachverhalt (vgl. BGH 4 StR 616/99; BeckRS 2000, 30094864)

V, der Verteidiger des Angeklagten, beantragte die Verlesung des von ihm selbst niedergeschriebenen Protokolls über die Erklärungen der in der Hauptverhandlung dann das Zeugnis verweigernden Schwester S, die vorgerichtlich auf eigene Veranlassung bei ihm erschienen war und nach Hinweis auf ihr Zeugnisverweigerungsrecht entlastende Angaben zu einem Alibi ihres angeklagten Bruders gemacht hatte. Zu Recht?

LÖSUNG

Wegen **VERSTOSSES GEGEN DAS *„SELBSTSTÄNDIGE BEWEISVERWERTUNGSVERBOT"* des § 252 StPO** könnte die Verwertung des vom Verteidiger V selbst niedergeschriebenen Protokolls über die ihm gegenüber abgegebenen Erklärungen der Schwester des Angeklagten rechtsfehlerhaft sein.

1. Anhörung der Schwester durch den Verteidiger ist keine *„Vernehmung* i.S.d. § 252 StPO"

Nach Ansicht des BGH stellt die in die Form einer *„Vernehmung"* gekleidete **Anhörung der Zeugin S durch den Verteidiger V keine *„Vernehmung* i.S.d. § 252 StPO"** dar. Zwar sei es einem Verteidiger nicht verwehrt, eigene Ermittlungen zu führen, insbesondere Zeugen oder Mitbeschuldigte vor und außerhalb der Hauptverhandlung zu befragen; die Befugnis, Zeugen oder Beschuldigte *„amtlich"* zu vernehmen, gebe ihm das Gesetz aber gerade nicht.

2. *Rechtsgedanke* des § 252 StPO

Obwohl mangels amtlicher Funktion des V mithin keine „*Vernehmung*" der S vorlag, verschaffte der BGH dem **Rechtsgedanken des § 252 StPO** gleichwohl Geltung: Wenn schon eine vor den zur Objektivität verpflichteten Strafverfolgungsorganen gemachte Aussage unter den vorliegenden Umständen unverwertbar sei, so **müsse dies erst recht für die Unverwertbarkeit des „*Protokolls*" eines einseitig die Interessen des Beschuldigten wahrnehmenden Verteidigers gelten.**

Um eine **verwertbare Äußerung „*aus freien Stücken*"** habe es sich im Übrigen auch deshalb nicht gehandelt, weil die **Aussage der S gezielt für das Strafverfahren herbeigeführt** worden sei und damit **gerade nicht ohne Bewusstsein der Verwendungsmöglichkeit im späteren Verfahren erfolgt** sei.

Ergänzend merkt der BGH an, dass die **Verwertung einer früheren *nicht-richterlichen* Aussage eines in der Hauptverhandlung das Zeugnis verweigernden Zeugen grundsätzlich möglich** sei (vgl. BGH NStZ 2007, 712), sofern der Zeuge nach **„*qualifizierter Belehrung*"** mitteile, dass er zwar von seinem Zeugnisverweigerungsrecht Gebrauch machen wolle, jedoch die ***Verwertung seiner früheren bei einer nicht-richterlichen Vernehmung gemachten Aussage gestatte*** (vgl. BGH NStZ 2007, 712; BGH NStZ 2020, 432: ***Gestattung der Verwertung einer früheren Zeugenaussage vor der Polizei***; M-G/S § 252 Rn 16a). Die Verwertbarkeit dieser Aussage setze aber voraus, dass diese Angaben im Rahmen einer **nach den gesetzlichen Vorschriften ordnungsgemäß zustande gekommenen „*amtlichen Vernehmung*"** erfolgt seien, was bei der unter keinerlei formellen Vorschriften stehenden **„*Befragung*" der S *durch den Verteidiger des Angeklagten*** vorliegend aber gerade nicht der Fall sei.

FALLENDE

Daher habe der vom Verteidiger zur Verlesung „*seines Vernehmungsprotokolls*" gestellte Beweisantrag wegen der sich aus § 252 StPO ergebenden Unzulässigkeit der Beweiserhebung i.S.d. § 244 III 1 StPO abgelehnt werden müssen.

FALL 27

Sachverhalt (vgl. BGH 2 StR 112/12; BeckRS 2012, 18903)

In der Hauptverhandlung wegen des Vorwurfs des sexuellen Missbrauchs von Schutzbefohlenen wurden am 3. Hauptverhandlungstag die beiden geschädigten Töchter des Angeklagten A als Zeuginnen vernommen. Beide Zeuginnen wurden gemäß § 52 II 1 StPO über ihr Zeugnisverweigerungsrecht belehrt, verweigerten die Aussage und wurden entlassen. Im Anschluss daran erklärten A, sein Verteidiger sowie der Sitzungsvertreter der Staatsanwaltschaft jeweils, sie seien mit der Verlesung der richterlichen Vernehmung der Zeuginnen einverstanden. Dies wurde jeweils durch Beschlüsse des Landgerichts angeordnet und die Verlesung wurde ausgeführt.

A wurde zu einer Freiheitsstrafe verurteilt, wobei sich die Verurteilung auch auf den Inhalt der verlesenen Vernehmungen stützte. In den Urteilsgründen hat das Landgericht ausgeführt: „Die richterlichen Aussagen wurden im Einvernehmen aller Beteiligten verlesen, da die beiden Frauen (...) von ihrem (...) Zeugnisverweigerungsrecht Gebrauch gemacht haben. Beiden Zeuginnen war dabei sehr wohl bewusst und bekannt, dass dann gleichwohl ihre Angaben, die sie zuvor vor dem

Ermittlungsrichter R gemacht hatten, in die Hauptverhandlung eingeführt werden können und auch eingeführt werden."
A beanstandet mit seiner Revision diese Verfahrensweise.

LÖSUNG

Wegen **VERSTOSSES GEGEN DAS *„SELBSTSTÄNDIGE BEWEISVERWERTUNGS-VERBOT"* des § 252 StPO** könnte die Verwertung der Angaben der beiden Töchter des Angeklagten durch Vernehmung des Ermittlungsrichters R rechtsfehlerhaft gewesen sein.

Da die früheren richterlichen Aussagen der beiden Zeuginnen ***nicht durch Vernehmung des Richters, sondern durch Verlesung eingeführt*** worden seien, wäre hierzu, so der BGH, ein ***ausdrücklicher Verzicht der Zeuginnen auf das Verwertungsverbot gemäß § 252 StPO erforderlich*** gewesen. Hieran fehle es.
Durch den Inhalt des Hauptverhandlungsprotokolls sei bewiesen, dass eine ***„qualifizierte Belehrung"*** der Zeuginnen ***nicht erfolgt sei*** und dass diese ***auch nicht ausdrücklich ihr Einverständnis mit der Verwertung ihrer Aussagen erklärt*** hätten. Hierbei handele es sich um wesentliche Förmlichkeiten des Verfahrens. ***Auch die Erklärung des „Einvernehmens" aller Beteiligten mit der Verlesung*** der Niederschriften der richterlichen Aussagen ***könne die Verzichtserklärungen nach „qualifizierter Belehrung" nicht ersetzen.***
Mithin durften die Angaben der beiden Töchter des Angeklagten wegen Verstoßes gegen das *selbstständige* Beweisverwertungsverbot des § 252 StPO nicht durch Vernehmung des Ermittlungsrichters in die Hauptverhandlung eingeführt und auch nicht im Urteil verwertet werden.

FALLENDE

FALL 28

Sachverhalt (vgl. BGH 5 StR 454/17, BeckRS 2017, 136201)

A gehörte einer von seinem Bruder geführten Bande an, die mit Kokain handelte. Der Bruder bestellte das Kokain bei Lieferanten und verkaufte selbst Teile des Rauschgifts unmittelbar an Abnehmer größerer Mengen. Den Rest des Rauschgiftes portionierte er für den Straßenverkauf. A nahm telefonisch Kaufaufträge entgegen und bestellte die Kunden zu einem Treffpunkt mit einem Läufer. Anschließend informierte er den Läufer entsprechend und schickte ihn mit dem bestellten Kokain, das der jeweilige Läufer aus einer Bunkerwohnung holte, zu dem Treffpunkt mit dem Kunden, wo das Geschäft abgewickelt wurde. In die Bande eingebunden waren auch zwei Neffen des A, die die Aufgabe hatten, dass portionierte Kokain in eine Bunkerwohnung zu bringen, das von den Läufern eingenommene Geld abzuholen und an den Bruder des A zu überbringen. Der Bruder und die beiden Neffen des A machten in dem gegen sie geführten Verfahren umfangreiche Angaben, auch zur Beteiligung des A. In dem gegen A geführten Verfahren machten sie in der Hauptverhandlung von ihrem Zeugnisverweigerungsrecht Gebrauch. Das LG hat die Angaben des Bruders und der beiden Neffen aus dem gegen sie geführten Verfahren durch Vernehmung des in dem damaligen Verfahren Beisitzenden Richters R in die Hauptverhandlung gegen A eingeführt und verwertet. Anschließend wurde A verurteilt. Zu Recht?

LÖSUNG

Wegen **VERSTOSSES GEGEN DAS *„SELBSTSTÄNDIGE BEWEISVERWERTUNGS-VERBOT"* des § 252 StPO** könnte die Verwertung der Angaben des Bruders des Angeklagten und seiner beiden Neffen durch Vernehmung des in deren damaligen Verfahren beisitzenden Richters R rechtsfehlerhaft gewesen sein.

§ 252 StPO i.V.m. § 52 StPO enthält das grundsätzliche Verbot, das zu verwerten, was der in der Hauptverhandlung das Zeugnis verweigernde Zeuge früher bei einer Vernehmung bekundet hat. **Hierzu gehörten,** so der BGH in der vorliegenden Entscheidung, **auch die Einlassungen eines Angehörigen in dem früher gegen ihn selbst gerichteten Strafverfahren.** Zwar könne dieser Umstand, dass nämlich der Angehörige nicht Zeuge, sondern Angeklagter war, zu Bedenken dagegen führen, das Verwertungsverbot des § 252 StPO auch auf solche Fälle wie den vorliegenden zu beziehen. Denn in seiner früheren Stellung als Angeklagter sei der Angehörige gegenüber der Rechtspflege zu keinerlei Aussage verpflichtet. Dies sei jedoch nicht entscheidend. **Denn es bestünde für ihn als Angeklagten keine gesetzliche Verpflichtung, die Wahrheit zu sagen. Es sei deshalb möglich, dass der Angehörige unter dem Gesichtspunkt der Selbstverteidigung etwas gesagt haben könnte, was in dem späteren Verfahren gegen den nunmehr angeklagten Angehörigen diesen belasten und in den Verdacht einer strafbaren Handlung bringen könnte. Dazu sei er gemäß § 52 I StPO nicht verpflichtet, der Rücksicht auf einen möglichen inneren Konflikt nehme, den ein unbedingter Zeugniszwang für die in § 52 StPO genannten Personen wegen ihrer persönlichen Beziehungen zu dem Angeklagten zur Folge haben könnte.**

Verweigere ein Zeugnisverweigerungsberechtigter in der Hauptverhandlung gemäß § 52 I Nr. 3 StPO das Zeugnis, so dürfe daher auch seine Einlassung in einem früheren, gegen ihn selbst gerichteten Verfahren nicht gegen den nunmehr angeklagten Angehörigen verwertet werden. Das Verwertungsverbot aus § 252 StPO erstrecke sich auch auf den wegen Beteiligung an derselben Tat Mitangeklagten.

Folglich hat das LG dadurch, dass es den beisitzenden Richter zum Inhalt der früheren Aussage des Bruders und der Neffen des A als Zeugen vernommen hat, obwohl sowohl der Bruder als auch die Neffen sich in der gegen den Angeklagten geführten Hauptverhandlung auf ihr Zeugnisverweigerungsrecht berufen hatten, gegen das Beweisverwertungsverbot aus § 252 StPO verstoßen.

FALLENDE

CHECKLISTE

ZU DEN FÄLLEN 22 – 28

Diese Stichpunkte sollten Sie sich einprägen:

- ☑ Verhältnis von § 52 StPO zu § 252 StPO
- ☑ Erweitertes Beweisverwertungsverbot des § 252 StPO über Wortlaut hinaus auch bezüglich der Vernehmung nicht-richterlicher Verhörspersonen sowie der Aussage eines Zeugen in einem früher gegen ihn selbst als Angeklagten gerichteten Verfahren
- ☑ Ausnahmen zum Beweisverwertungsverbot des § 252 StPO, insbesondere bei Äußerungen außerhalb des weiten Vernehmungsbegriffs des § 252 StPO sowie bei der Vernehmung des Ermittlungsrichters

V. BEWEISERHEBUNG IM WEGE VON DURCHSUCHUNG UND BESCHLAGNAHME (§§ 94 ff. StPO)

FALL 29

Sachverhalt (vgl. BGH 5 StR 546/06; BeckRS 2007, 08798)

Der Angeklagte A hielt sich in den letzten vier Wochen vor seiner Festnahme in der Wohnung eines Bekannten auf, worüber die Ermittlungsbehörden informiert waren. Am Tag der Festnahme um 15.47 Uhr erfuhren die Ermittlungsbeamten, dass A ein Gerät erwerben wollte, um die an seinem Fahrzeug angebrachten polizeilichen Abhörgeräte orten zu können. Daraufhin verständigten sich der die Ermittlungen leitende Polizeibeamte P und der zuständige Staatsanwalt S dahingehend, A alsbald festzunehmen. Um 17.30 Uhr wurde der A in der Wohnung des Bekannten festgenommen, worüber S allerdings erst um 20.00 Uhr informiert wurde. Auf Bitten der Polizei ordnete S sodann die Durchsuchung der Wohnung an, ohne jedoch einen Antrag auf Durchsuchung beim zuständigen Ermittlungsrichter zu stellen oder die Umstände, die zur Annahme von Gefahr im Verzug führten, zu dokumentieren. Im Verlauf der Durchsuchung wurde Marihuana sichergestellt.
Das LG ging hinsichtlich der bei der Durchsuchung aufgefundenen Beweismittel von einem Beweisverwertungsverbot aus und sprach den Angeklagten A frei. Hiergegen hat die Staatsanwaltschaft Revision eingelegt. Zu Recht?

LÖSUNG

Die Revision der Staatsanwaltschaft ist unbegründet, wenn hinsichtlich der bei der Durchsuchung aufgefundenen Betäubungsmittel ein *„Beweisverwertungsverbot"* wegen Verstoßes gegen das *„Beweiserhebungsverbot"* des § 105 I 1 StPO bestünde.

I. VERSTOSS GEGEN DAS *„BEWEISERHEBUNGSVERBOT"* DES § 105 I 1 StPO?

Mit seiner Entscheidung aus dem Jahr 2001 hat das BVerfG (vgl. BVerfGE 103, 142 ff.) die Entscheidung nichtrichterlicher Strafverfolgungsorgane über die Annahme von ***„Gefahr im Verzug"*** (vgl. Art. 13 II GG, § 105 I 1 StPO; § 81a I StPO – hier: ***„Gefährdung des Untersuchungserfolges"***) der vollen gerichtlichen Überprüfbarkeit unterworfen.

„Gefahr in Verzug" liegt vor, wenn das mit einer vorherigen Einholung der richterlichen Anordnung verbundene Zuwarten den Erfolg der Ermittlungsmaßnahme (d.h. regelmäßig das Auffinden von Beweismitteln) gefährden würde, also ein ***„Beweismittelverlust"*** droht.
Der Begriff *„Gefahr in Verzug"* ist als Tatbestandsmerkmal **eng auszulegen** und muss mit Tatsachen begründet werden, die auf den Einzelfall bezogen sind. Reine Spekulationen, hypothetische Erwägungen oder lediglich einzelfallunabhängige Vermutungen reichen nicht aus.

Für die Beurteilung von *„Gefahr im Verzug"* i.S.d. § 105 I 1 StPO ist immer auf den Zeitpunkt abzustellen, zu dem die Ermittlungsbehörden **im konkreten Einzelfall** die Durchsuchung **nach jeglicher kriminalistischer Erfahrung objektiv erstmals für erforderlich halten mussten** (vgl. BGH NStZ 2012, 104). Ob ein angemessener Zeitraum zur Verfügung steht, innerhalb dessen eine Entscheidung des zuständigen Richters erwartet werden kann oder ob bereits eine zeitliche Verzögerung wegen des Versuchs der Herbeiführung einer richterlichen Entscheidung den Erfolg der Durchsuchung gefährden würde und daher eine nichtrichterliche Durchsuchungsanordnung ergehen darf, haben die Ermittlungsbehörden nach der Konzeption des Art. 13 II GG zunächst selbst zu prüfen. Dabei haben die Strafverfolgungsbehörden die von der Verfassung vorgesehene ***„Verteilung der Gewichte"***, nämlich die **Regelzuständigkeit des Richters,** zu beachten.

Nach Auffassung des BGH sei das rechtsstaatliche Gebot, den sog. ***„Richtervorbehalt"*** einzuhalten für das Ermittlungsverfahren so wesentlich, dass **jedenfalls grobe Verstöße** nicht sanktionslos hingenommen werden könnten und daher **– unter Berücksichtigung von Art und Gewicht des Verfahrensverstoßes und unter Abwägung der widerstreitenden Interessen** – zu einem **Beweisverwertungsverbot** führen müssten.

Eine die Eilkompetenz der Strafverfolgungsbehörden rechtfertigende *„Gefahr im Verzug"* könne nur dann in Betracht kommen, wenn sie aus einer **überraschenden Verfahrenssituation** resultiere, nicht aber dann, wenn der **Eintritt der Gefahrenlage bereits im Vorfeld absehbar gewesen** sei (vgl. BGH 3 StR 210/11 v. 30.08.2011). Unzulässig sei es daher, die Regelzuständigkeit des Richters dadurch zu unterlaufen, dass das **Ersuchen an den Bereitschaftsrichter zeitlich so weit hinausgeschoben werde, bis die Gefahr eines Beweismittelverlusts tatsächlich eingetreten sei** (vgl. BGH NJW 2007, 2270; BGH NJW-Spezial 2011, 697).

So aber liege der Fall hier. Die willkürliche Annahme von *„Gefahr im Verzug"* ergebe sich daraus, dass die Polizei die **Inanspruchnahme der Eilkompetenz durch die Staatsanwaltschaft einerseits provoziert** habe und andererseits der zuständige Staatsanwalt S die **Einholung einer richterlichen Anordnung - trotz faktischer zeitlicher Möglichkeit - nicht einmal in Betracht gezogen** habe. Ausschlaggebend für diese Bewertung sei zum einen der ***„Totalausfall"* jeglicher Prüfung des *„Richtervorbehalts"*,** zum anderen der **lange Zeitraum zwischen dem Erkennen der Notwendigkeit der Wohnungsdurchsuchung und ihrer Durchführung** (vgl. auch AG Bremen NStZ 2012, 287, wo noch erschwerend hinzukam, dass der Angeklagte

aufgrund seiner Festnahme die Beweislage ohnehin nicht mehr beeinflussen konnte und daher die Einholung eines Gerichtsbeschlusses zu keiner Verschlechterung der Beweissituation geführt hätte – und zwar nicht erst auf Grund einer „ex post"-Betrachtung).
Allerspätestens bei Festnahme des Angeklagten um 17.30 Uhr hätte sich die sofortige Suche nach Sachbeweisen in der Wohnung des Bekannten und damit der Antrag auf Erlass eines Durchsuchungsbeschlusses durch den zuständigen Ermittlungsrichter aufdrängen müssen. Selbst noch zum Zeitpunkt des Erlasses der staatsanwaltlichen Durchsuchungsanordnung durch S – 1 Stunde vor Beginn der Nachtzeit i.S.d. § 104 III StPO – sei es nicht von vornherein aussichtslos gewesen, zumindest noch eine fernmündliche richterliche Genehmigung einzuholen (vgl. BVerfG NJW 2007, 1444; M-G/S § 105 Rn 2).
Folglich habe die um 20.00 Uhr erfolgte Durchsuchung – ganz unabhängig von der fehlenden Dokumentation der Ermittlungssituation durch Staatsanwalt S – nicht mehr auf *„Gefahr im Verzug"* gestützt werden können. Damit liege ein Verstoß gegen das Beweiserhebungsverbot des § 105 I 1 StPO vor.

II. RECHTSFOLGE: *„BEWEISVERWERTUNGSVERBOT"*?

Aufgrund der willkürlichen Annahme von *„Gefahr im Verzug"* und des damit verbundenen schwerwiegenden Eingriffs in das Grundrecht des Angeklagten aus Art. 13 I GG ergebe sich ein Beweisverwertungsverbot hinsichtlich der aufgefundenen Betäubungsmittel.

Die Revision der Staatsanwaltschaft ist mithin unbegründet.

In der Argumentation ähnlich lesen sich die Ausführungen des LG Köln (vgl. LG Köln 108 KLs 42/18, BeckRS 2019, 22991), wonach ***die Regelzuständigkeit des Richters auf eine vorbeugende Kontrolle der Maßnahme durch eine unabhängige und neutrale Instanz ziele. Sie verpflichte daher die Strafverfolgungsbehörden grundsätzlich zu dem Versuch, eine richterliche Anordnung zu erwirken. Der Versuch einer telefonischen Kontaktaufnahme genüge. Eine Anordnung durch die StA bzw. ihre Ermittlungspersonen wegen „Gefahr im Verzug" könne lediglich in der Ausnahmesituation erfolgen, in der der Versuch, eine richterliche Entscheidung (telefonisch) zu erwirken, aufgrund der zeitlichen Verzögerung mit dem Risiko des Verlusts von Beweismitteln verbunden sei.***
Diese Voraussetzungen seien vorliegend aber nicht gegeben. Es sei nicht versucht worden, eine richterliche Entscheidung herbeizuführen, obwohl jedenfalls der Eildienstrichter durchgehend erreichbar gewesen sei. Der Gefahr eines Beweismittelverlusts habe durch polizeiliche Maßnahmen, etwa durch das Zuwarten der Beamten vor dem vom A genutzten Zimmer, begegnet werden können. ***Der Richtervorbehalt sei damit leichtfertig umgegangen worden.***
Zwar führten bei der Annahme von „Gefahr im Verzug" nur geringfügige Versäumnisse oder Ungeschicklichkeiten von Ermittlungsbeamten nicht ohne Weiteres zu einem Beweisverwertungsverbot. Der vorliegend festgestellte ***schwerwiegende Verstoß begründe allerdings ein Beweisverwertungsverbot. Dem Aspekt eines möglichen hypothetisch rechtmäßigen Ermittlungsverlaufs komme insoweit keine Bedeutung zu; er sei für andere Fallgestaltungen entwickelt worden.***

Auf einen Widerspruch gegen die Verwertung komme es nicht an. Denn die Art und Weise der Erlangung jener Sachbeweise durch die Ermittlungsbehörden, auf die ein Beschuldigter keinen Einfluss hat – wie etwa auf Grundlage einer Durchsuchung –, sei von dem Gericht von Amts wegen aufzuklären und zu berücksichtigen, soweit Verfahrensfehler bei diesem Vorgang in Betracht kommen.

Tenor der o.g. Entscheidungen ist, dass ***der Gefahr eines Beweismittelverlusts durch polizeiliche Maßnahmen begegnet werden könne, so dass – im Rahmen einer Ermittlungsdurchsuchung – für die Annahme von „Gefahr im Verzug" kein Raum ist*** und der Versuch zu unternehmen ist, eine richterliche Entscheidung herbeizuführen. ***„Gefahr im Verzug" kann mithin regelmäßig nicht angenommen werden, wenn die Strafverfolgungsbehörden den Durchsuchungsort bzw. das Durchsuchungsobjekt gesichert haben*** (vgl. LG Hamburg NStZ-RR 2018, 329; aber auch BGH BeckRS 2016, 9227). Demgegenüber dürfte ***die Feststellung einer solchen Sicherung bei größeren Durchsuchungsobjekten, etwa Unternehmensräumlichkeiten schwieriger*** sein. ***Hier wird es eher darauf ankommen, ob tatsächliche Anhaltspunkte für „Gefahr im Verzug" bestehen.***

EXKURS

Rangverhältnis der Staatsanwaltschaft zu ihren Ermittlungspersonen bei „Gefahr im Verzug"

Die meisten strafprozessualen Ermittlungsmaßnahmen bedürfen einer richterlichen Anordnung (sog. „Richtervorbehalt"). Ist der zuständige (Ermittlungs-)Richter nicht oder nicht ohne solche Verzögerungen zu erreichen, die den Zweck der Maßnahme gefährden würden, besteht „Gefahr im Verzug". Für diesen Fall erlaubt das Gesetz den Ermittlungsbehörden, bestimmte Ermittlungsmaßnahmen selbst anzuordnen. In der Regel findet sich hierzu der Wortlaut, die Anordnung stehe bei Gefahr im Verzug bzw. – inhaltlich gleichbedeutend – bei Gefährdung des Untersuchungserfolges durch Verzögerung der „Staatsanwaltschaft und ihre(n) Ermittlungspersonen (§ 152 des Gerichtsverfassungsgesetzes)" zu. Ein Rangverhältnis zwischen Polizei und Staatsanwaltschaft ist aus dieser Formulierung (z.B. bei Durchsuchungen und Blutentnahmen [§§ 105 I 1, 81a II StPO]) nicht ersichtlich.

Dennoch betont das BVerfG in mehreren Entscheidungen gerade bei Durchsuchungen und Blutentnahmen solch ein Rangverhältnis (BVerfG, 2 BvR 1046/08; 2 BvR 784/08; offengelassen von BVerfG, 2 BVR 1596/10). Demnach läge die nichtrichterliche Anordnungskompetenz bei Gefahr im Verzug vorrangig bei der Staatsanwaltschaft und nur subsidiär bei der Polizei. Eine nähere Begründung zur Herleitung dieses Rangverhältnisses findet sich in den jeweiligen Entscheidungen nicht.

In der Rechtsprechung werden die Vorgaben des BVerfG zum Nachrang der Polizei meist ohne eine nähere Begründung übernommen (z.B. OLG Celle NZV 2010, 362; OLG Hamburg NJW 2008, 2597, 2598).

Die Literatur bejaht teilweise ein Rangverhältnis und stützt dieses insbesondere auf die allgemeine Verfahrenshoheit der Staatsanwaltschaft (z.B. Jahn NStZ 2007, 255). Andere Auffassungen differenzieren hingegen nach den einzelnen Maßnahmen: So wird z.B. für Blutentnahmen gem. § 81a StPO eine nachrangige Anordnungskompetenz der Polizei gesehen, während bei Beschlagnahmen nach § 98 StPO Staatsanwaltschaft und Polizei gleichrangig anordnungsbefugt sein sollen (Nachw. bei Metz, NStZ 2012, 242), obwohl der (sinngemäß) identische Wortlaut dieser Vorschriften eine solche Unterscheidung nicht nahelegt.

Einige Maßnahmen stehen unter einem sog. „absoluten Richtervorbehalt“, d.h. die Anordnung dieser Maßnahmen ist ausschließlich dem Richter vorbehalten (z.B. §§ 98 I 2 StPO). Eine Not oder Eilzuständigkeit der Ermittlungsbehörden (Staatsanwaltschaft und Polizei) besteht hierbei nicht.

Manche Maßnahmen (z.B. nach §§ 100 I, 100e I 2, 105 I 2 2. Hs. StPO) dürfen nur durch den Richter, bei Gefahr im Verzug aber auch durch die Staatsanwaltschaft angeordnet werden. Eine Eilanordnungskompetenz der Polizei besteht insoweit allerdings nicht.

Für wieder andere Ermittlungsmaßnahmen bestimmt der Gesetzgeber bei Gefahr im Verzug eine Notzuständigkeit sowohl für die Staatsanwaltschaft als auch deren Ermittlungspersonen (§§ 81a II 1, 98 I 1, 105 I 1 StPO) bzw. sonstige Polizeibeamte (§§ 127 II, 127b I StPO).

Besondere Vorschriften bestehen ferner z.B. bei bestimmten Fahndungsmaßnahmen (§ 131 III 2, 131c I 2 StPO). Gerade diese Vorschriften sehen bei Gefahr im Verzug ausdrücklich einen gesetzlich angeordneten Vorrang der Staatsanwaltschaft vor. Die Polizei darf entsprechende Maßnahmen bei Gefahr im Verzug nur subsidiär zur Staatsanwaltschaft anordnen. Diese Regelungen wären überflüssig, bestünde generell-abstrakt für alle Ermittlungsmaßnahmen ein Verhältnis der Vor- bzw. Nachrangigkeit zwischen der Staatsanwaltschaft und deren Ermittlungspersonen. Ein solch genereller Vorrang lässt sich demnach im Hinblick auf die Gesetzessystematik nicht begründen (vgl. Metz, NStZ 2012, 242, 244).

(Die folgenden Passagen sind – auszugsweise – entnommen aus: Metz, NStZ 2012, 242 ff.)

Nach Ansicht von Metz bestehe jenseits der gesetzlich angeordneten Fälle keinen Anlass, bei Gefahr im Verzug generell einen Vorrang der Staatsanwaltschaft oder gar deren alleinige Eilkompetenz anzuordnen. Jedoch gäbe es einen **einzelfallbezogenen Vorrang der Staatsanwaltschaft**:

Dies gälte bei schwieriger oder unklarer Sach- und Rechtslage, wenn Zweck- oder Verhältnismäßigkeitsüberlegungen erforderlich sind, bei umfangreichen Sachverhalten zur frühzeitigen Beschränkung der Ermittlungen auf die erheblichen Teilbereiche, bei einer Vielzahl von Beschuldigten mit womöglich unterschiedlichen Beteiligungsformen, zur Wahrung des Beschleunigungsgrundsatzes, insbesondere in Haftsachen, ferner bei Delikten mit hoher Straferwartung sowie bei Maßnahmen mit hoher Eingriffsintensität in Grundrechte, sowie immer dann, wenn der mit der Sache befasste Beamte über das weitere Vorgehen Zweifel hege. In solchen Fällen sei zwingend und frühestmöglich die Staatsanwaltschaft zu beteiligen.

Je intensiver eine Maßnahme konkret in Grundrechte eingreife, umso eher werde die Staatsanwaltschaft einzuschalten sein, zumal derartige Maßnahmen zwangsläufig entsprechende Verhältnismäßigkeitsprüfungen erforderten. Beispielsweise ordne § 105 StPO einen Richtervorbehalt für alle Arten von Durchsuchungen beim Beschuldigten an. Dabei bestehe im Hinblick auf die Eingriffsintensität der Maßnahme ein Unterschied, ob die Person des Beschuldigten, mitgeführte Gegenstände oder dessen Wohnung durchsucht werden sollen.
Diese unterschiedliche Eingriffsstärke zeige sich schon darin, dass der Richtervorbehalt für Wohnungsdurchsuchungen ausdrücklich im Grundgesetz (Art. 13 II GG) verankert worden sei, während für die Durchsuchung der Person des Beschuldigten oder dessen Sachen nur ein einfachgesetzlicher Richtervorbehalt bestehe. Dementsprechend werde die Staatsanwaltschaft bei der Anordnung von Wohnungsdurchsuchungen regelmäßig zu beteiligen sein. Der Polizeibeamte vor Ort sei folglich verpflichtet, sofern nicht bereits die Kontaktaufnahme zur Staatsanwaltschaft einen Beweismittelverlust besorgen lasse, Überlegungen dazu anzustellen, ob die Staatsanwaltschaft ihre Leitungsbefugnis würde ausüben wollen. Bejahendenfalls sowie in Zweifelsfallen habe er zwingend Kontakt aufzunehmen.

KLAUSURHINWEIS
Entscheidend in der Klausur ist vor allem die nun folgende Frage: Führt ein eventuelles Beweiserhebungsverbot (z.B. wegen Anordnung „nur" durch eine Ermittlungsperson) auch zu einem Beweisverwertungsverbot?

(Die folgenden Passagen sind – auszugsweise – entnommen aus: Metz, NStZ 2012, 242 ff.)

Bei der Frage nach den Rechtsfolgen eines Zuständigkeitsverstoßes sei zu differenzieren:

1. Missachtung des Richtervorbehalts

Bejahten die Ermittlungsbehörden (Staatsanwaltschaft oder Polizei) zu Unrecht die Voraussetzungen der Gefahr im Verzug, obwohl vorrangig der (Ermittlungs-)Richter zuständig und auch erreichbar gewesen sei, **führe dies nicht generell zu einem Verwertungsverbot**.

Die Verwertbarkeit der gewonnenen Erkenntnisse richte sich vielmehr nach den Umständen des Einzelfalls, insbesondere nach der Art des Verbots, dem Gewicht des Verfahrensverstoßes und der Bedeutung der konkret betroffenen Rechtsgüter. Ein Verwertungsverbot komme namentlich in Betracht, wenn die Voraussetzungen der Gefahr im Verzug willkürlich angenommen, der Richtervorbehalt bewusst und gezielt umgangen bzw. ignoriert oder die Sach- und Rechtslage, die den Richtervorbehalt begründe, in gleichgewichtiger Weise gröblich verkannt oder fehlerhaft beurteilt worden sei. „Einfache" Fehler und Irrtümer, die nicht auf Willkür, bewusster Umgehung oder einer ähnlich gröblichen Verkennung der Rechtslage beruhten, führten regelmäßig nicht zu einem Verwertungsverbot (vgl. M-G/S § 98 Rn 7).

2. Zuständigkeitsverstöße innerhalb der Ermittlungsbehörden

→ **Wende sich die Polizei – ohne vorherige Einschaltung der allein-zuständigen Staatsanwaltschaft – direkt an den Richter** und werde dieser gem. § 165 StPO ohne Antrag der Staatsanwaltschaft tätig, **obwohl die Staatsanwaltschaft mühelos zu erreichen gewesen wäre, so führe dies nicht zur Unwirksamkeit der angeordneten Maßnahme oder zur Unverwertbarkeit der mit Hilfe der Maßnahme gewonnenen Erkenntnisse**. Die mit dem Richtervorbehalt bezweckte präventive Kontrolle erfolge gerade durch die Beteiligung des Richters.
Folglich **bestehe bei Missachtung des alleinigen Antragsrechtes der Staatsanwaltschaft kein Verwertungsverbot** (vgl. M-G/S § 100a Rn 35).

→ **Nicht abschließend geklärt** seien die Folgen eines Zuständigkeitsverstoßes, **wenn das Gesetz keine oder nur eine nachrangige Anordnungskompetenz der Polizei bei *„Gefahr im Verzug"* bestimme**.
Die fehlende oder nachrangige Zuständigkeit der polizeilichen Ermittlungspersonen beruhe hier auf einer bewussten Entscheidung des Gesetzgebers: Bei besonders eingriffsintensiven Maßnahmen mit gegebenenfalls weitreichenden Folgen für den Betroffenen solle – im Falle der Unerreichbarkeit des Richters – zum Schutz des Betroffenen vorrangig eine Kontrolle durch die Staatsanwaltschaft als juristisch besonders qualifizierte Behörde erfolgen.

Auch insoweit gelte aber, dass das Strafprozessrecht kein generelles Verwertungsverbot kenne. Nicht jeder Zuständigkeitsverstoß führe automatisch zu einem Verwertungsverbot. **Die Verwertung der gewonnenen Erkenntnisse hänge vielmehr von den Umständen des Einzelfalls ab.** Dies gelte folglich auch für die Fälle, in denen die Polizei die alleinige oder gesetzlich vorrangige Eilanordnungskompetenz der Staatsanwaltschaft missachtet habe. Dabei werde allerdings ein wesentlicher, in die Abwägung einzustellender Gesichtspunkt darin liegen, ob für die Polizei überhaupt keine oder zumindest eine nachrangige Anordnungsbefugnis bestanden habe.

→ **In den Fällen, in denen bei Gefahr im Verzug kein gesetzlich angeordnetes Rangverhältnis innerhalb der Ermittlungsbehörden bestehe, führe ein Zuständigkeitsverstoß nicht zu einem Verwertungsverbot.** Zum einen sei **keine generell unzuständige Person tätig geworden** (vgl. M-G/S § 81a Rn 32a).
Zum anderen hänge ein Verwertungsverbot im Einzelfall u.a. von Art und Gewicht des Verstoßes sowie von der Bedeutung des betroffenen Rechtsgutes ab. Indem der Gesetzgeber bei diesen Vorschriften (z.B. §§ 81a II, 98 I 1, 105 I 1 StPO) bewusst auf einen generell-abstrakten Vorrang der Staatsanwaltschaft verzichtet habe, habe er die **Bewertung zum Gewicht möglicher Verstöße und der Bedeutung des Rechtsgutes insoweit vorweggenommen**.

EXKURS ENDE

Keine **Heilung durch Berufung auf „Hypothetisch rechtmäßigen Ermittlungsverlauf"**
Bemerkenswert ist, dass der BGH es ausdrücklich abgelehnt hat, die Verwertbarkeit der Beweismittel mit dem Hinweis auf den sog. ***„Hypothetischen rechtmäßigen Ermittlungsverlauf"***, zuzulassen, also mit der Erwägung zu begründen, dass ein richterlicher Durchsuchungsbeschluss nach Lage der Dinge höchstwahrscheinlich schon um 17.30 Uhr zu erlangen gewesen wäre. Jedenfalls bei solch **grober Verkennung des *„Richtervorbehalts"*** dürfe dem Aspekt des *„Hypothetischen rechtmäßigen Ermittlungsverlaufs"* **keine heilende Bedeutung** zukommen. Würde man den *„Hypothetischen rechtmäßigen Ermittlungsverlauf"* als *„Allheilmittel"* selbst bei derart groben Verstößen anerkennen, bestünde die Gefahr, dass der dem Grundrechtsschutz dienende *„Richtervorbehalt"* einfach unterlaufen und damit letztlich völlig entwertet werden könnte.
Anderseits, so das OLG Zweibrücken (vgl. NStZ 2019, 301), könne sich ein Tatgericht mit der rechtsfehlerhaften Bewertung, Polizeibeamte hätten sich bewusst bei der Anordnung einer Wohnungsdurchsu-chung über den Richtervorbehalt hinweggesetzt, einer Berücksichtigung der Rechtsfigur des „Hypothetischen Ersatzzugriffs" entziehen, mit der Folge, dass das Urteil regelmäßig auf diesem Rechtsfehler beruhe.

FALLENDE

Sachverhalt (vgl. OLG Düsseldorf III-3 RVs 46/16; BeckRS 2016, 13617)

FALL 30

Anlässlich der Vollstreckung eines Durchsuchungsbefehls in einem Mehrfamilienhaus bemerkten die Polizeibeamten einen intensiven Marihuana-Geruch, der aus einer anderen Wohnung des Mehrfamilienhauses drang. Nachdem die Polizeibeamten zunächst mehrfach vergeblich versucht hatten, telefonisch den staatsanwaltschaftlichen Eildienst zu erreichen, um einen Durchsuchungsbeschluss zu erwirken, klopften die Polizeibeamten an die Wohnungstür des Angeklagten A, wobei sie sich als Polizisten zu erkennen gaben. Sie wollten auf diese Weise freiwillige Angaben zum Ursprung des Marihuana-Geruchs erlangen. Stattdessen wurde die Wohnungstür von innen verschlossen. Der leitende Polizeibeamte P befürchtete nun einen Beweismittelverlust und ordnete die zwangsweise Durchsuchung der Wohnung an. Tatsächlich wurden dort größere Mengen Marihuana gefunden. Nach ordnungsgemäßer Belehrung gestand A gegenüber P, dass er täglich 5 g Marihuana konsumiert. Nachdem A wegen „Unerlaubten Besitzes von Betäubungsmitteln in nicht geringer Menge" verurteilt worden war, rügte A die Verwertung der bei der Durchsuchung aufgefundenen Beweismittel sowie seiner selbstbelastenden Aussage anlässlich der Durchsuchung.

LÖSUNG

Die Verwertung der bei der Durchsuchung aufgefundenen Betäubungsmittel könnte wegen Verstoßes gegen das *„Beweiserhebungsverbot"* des § 105 I 1 StPO rechtsfehlerhaft sein.

I. VERSTOSS GEGEN DAS *„BEWEISERHEBUNGSVERBOT"* DES § 105 I 1 StPO?

Nach Ansicht des OLG Düsseldorf sei die Durchsuchung der Wohnung des A rechtswidrig erfolgt, da die Polizeibeamten **im Ergebnis zielgerichtet die tatsächliche Voraussetzung *„Gefahr im Verzuge"* selbst herbeigeführt hätten,** und zwar zu einem Zeitpunkt, als es – für sie erkennbar ohne den Verlust von Beweismitteln befürchten zu müssen – möglich gewesen wäre, eine richterliche Durchsuchungsanordnung zu erwirken. Die Polizei habe daher ihre Eilkompetenz zu Unrecht in Anspruch genommen. Bevor die Beamten an die Wohnungstür geklopft und sich zu erkennen gegeben hätten, habe A ihre Anwesenheit überhaupt nicht wahrgenommen. Somit habe es bis dahin auch keine Gefahr eines Beweismittelverlusts gegeben. Es wäre den Beamten ohne Gefährdung des Untersuchungszwecks ohne Weiteres möglich gewesen, abzuwarten, bis ein Richter oder zumindest ein Staatsanwalt erreichbar war.

Im Gegensatz zur gegenständlichen Entscheidung sei von *„Gefahr in Verzug"* für die Anordnung einer Wohnungsdurchsuchung jedoch dann auszugehen, wenn Polizeibeamte ***in nicht vorhersehbarer Weise mit einer neuen Verdachtssituation konfrontiert würden und die Beweismittelvernichtung bereits begonnen habe*** (vgl. LG Limburg 1 Qs 21/18; BeckRS 2018, 7625).

II. RECHTSFOLGE: *„BEWEISVERWERTUNGSVERBOT"*?

Das OLG sieht in dem Vorgehen der Polizeibeamten eine schwerwiegende und bewusste Missachtung des *„Richtervorbehalts"* aus § 105 I 1 StPO und Art. 13 II GG. In einem solchen Fall sei nach der Rechtsprechung die Annahme eines Beweisverwertungsverbots zwingend geboten (vgl. BGH, NStZ 2012, 104).

III. „*FERNWIRKUNG*" DES BEWEISVERWERTUNGSVERBOTS?

Fraglich sei, so das OLG weiter, ob sich das Verwertungsverbot neben den in der Wohnung aufgefundene Betäubungsmitteln auch auf die selbstbelastende Aussage des A erstrecke, die dieser anlässlich der Durchsuchung gegenüber P gemacht habe. Eine ***„Fernwirkung von Beweisverwertungsverboten"*** in dem Sinne, dass neben der Verwertung der unmittelbar unter Verstoß gegen ein Beweiserhebungsverbot erlangten Informationen auch die Verwertung aller weiteren Beweismittel verboten sei, die aufgrund solcher Informationen erlangt worden seien, wird in der Rechtsprechung zwar **grundsätzlich verneint (vgl. hierzu auch die Ausführungen zu *Fall 14*).** Denn ein Verfahrensfehler, der ein Verwertungsverbot ***für ein bestimmtes Beweismittel*** bewirke, dürfe nicht ohne Weiteres dazu führen, dass ***das gesamte Strafverfahren lahmgelegt*** werde. Hiernach wären die nach ordnungsgemäßer Belehrung von A gegenüber P gemachten Angaben grundsätzlich verwertbar.

IV. „*BESONDERHEIT DES EINZELFALLS*"

Dem stünde, wie das OLG ausführt, jedoch die ***Besonderheit dieses Einzelfalles*** entgegen. Ein **Beweisverwertungsverbot** werde in der Rechtsprechung z.B. angenommen für Bekundungen von Beschuldigten, die unter dem Eindruck des Vorhalts von unzulässig gewonnenen Erkenntnissen aus einer Telefonüberwachung gemacht worden seien (vgl. BGH NJW 1984, 2772). Damit zu vergleichen sei die hiesige Situation, in der A Angaben zur Sache gemacht habe. Die **Vernehmung des A sei noch im Rahmen der Durchsuchung seiner Wohnung und unter dem Eindruck der dabei in unzulässiger Weise gewonnenen Erkenntnisse durchgeführt worden**. Der sich **offensichtlich als überführt ansehende Angeklagte habe keinen Anlass gehabt, von seinem Recht auf Schweigen Gebrauch zu machen**, zumal er nicht habe wissen können, dass die vorgefundenen Beweismittel unverwertbar seien. Für ihn habe ein **Zustand bestanden, in dem Leugnen oder Schweigen sinnlos gewesen sei** angesichts der Tatsache, dass sich die Polizeibeamten in seiner Wohnung befunden und die unerlaubt angebauten Marihuana-Pflanzen bereits entdeckt hatten.

FALLENDE

Folglich unterlagen sowohl die bei der Durchsuchung aufgefundenen Betäubungsmittel als auch die dabei gemachte selbstbelastende Aussage des A gegenüber P einem Beweisverwertungsverbot.

FALL 31

Sachverhalt (vgl. BGH 4 StR 15/20; BeckRS 2020, 13990)

Am Tattag suchten den Angeklagten A mehrere Polizeibeamte anlässlich zweier Haftbefehle und einer Gefährderansprache auf. Als A seine Wohnungstür öffnete, schlug den Beamten intensiver Cannabisgeruch entgegen. A ging, nachdem ihm zunächst die Haftbefehle bekannt gegeben worden waren, in seine Wohnung zurück, um – bei offener Wohnungstür – noch einige Sachen zu holen. Zwischenzeitlich trafen seine Mutter und sein Bruder vor der Wohnung ein. Nachdem A wieder aus seiner Wohnung gekommen war, erläuterten die Beamten ihm die nunmehr bestehende Verdachtslage, um anschließend in der Wohnung „Nachschau" – auch nach weiteren Personen – zu halten. A zog die Wohnungstür ins Schloss und steckte den

Schlüssel seiner Mutter zu, die den Besitz zunächst abstritt, den Schlüssel dann aber doch herausgab. Die Beamten betraten daraufhin die Wohnung, in der sie mehrere Behältnisse mit Cannabisblüten, aber keine weitere Person antrafen. Sie verließen die Wohnung wieder und verständigten Beamte der Kriminalpolizei, die gegen 19.10 Uhr vor Ort eintrafen. Nach mehreren Rücksprachen verständigte schließlich der leitende Beamte den zuständigen Staatsanwalt des Bereitschaftsdienstes, der um 20.26 Uhr die Durchsuchung aller den A betreffenden Räumlichkeiten und des Gartens fernmündlich anordnete. Nach Ansicht des Staatsanwalts war der Verlust von Beweismitteln zu befürchten, da sich zu diesem Zeitpunkt noch die Familienangehörigen des A auf dem Grundstück befunden hätten, der richterliche Bereitschaftsdienst um 21.00 Uhr enden und der Ermittlungsrichter einen Durchsuchungsbeschluss nicht ohne Vorlage schriftlicher Unterlagen erlassen würde. Bei dieser – zweiten – Durchsuchung fanden die Polizeibeamten u.a. für den gewinnbringenden Weiterverkauf bestimmte Betäubungsmittel, einen Schlagring, Nebelhandgranate aus Bundeswehrbeständen und einen „selbstgebauten Sprengkörper". Im von ihm genutzten Garten zog er mehrere Cannabispflanzen auf.
Die Verurteilung des A durch das LG wegen unerlaubten bewaffneten Handeltreibens mit Betäubungsmitteln in Tateinheit mit unerlaubtem Besitz von Betäubungsmitteln in nicht geringer Menge und Besitz eines verbotenen Gegenstandes sowie wegen vorsätzlichen Umgangs mit explosionsgefährlichen Stoffen in vier rechtlich zusammentreffenden Fällen zu einer Gesamtfreiheitsstrafe, stützte sich auf die bei der staatsanwaltlich angeordneten Durchsuchung aufgefundenen Beweismittel. Zu Recht?

LÖSUNG

Die Verwertung der bei der Durchsuchung aufgefundenen Beweismittel könnte wegen Verstoßes gegen das „Beweiserhebungsverbot" des § 105 I 1 StPO rechtsfehlerhaft sein.

I. VERSTOSS GEGEN DAS „*BEWEISERHEBUNGSVERBOT*" DES § 105 I 1 StPO?

Die Revision des A hatte mit der Verfahrensrüge Erfolg.

Zwar habe es sich bei der ***zunächst erfolgten „Nachschau"*** in der Wohnung des A der Sache nach um eine auf eine polizeiliche Anordnung gestützte Wohnungsdurchsuchung gehandelt, die ***wegen Gefahr im Verzug rechtmäßig*** gewesen sei. ***Mit Verlassen der Wohnung hätten die ausführenden Beamten konkludent die Beendigung dieser Durchsuchungsmaßnahme erklärt, sodass*** die Anordnung verbraucht gewesen sei und ***die wiederholte Durchsuchung der Wohnung des A nach 20.26 Uhr durch die herbeigerufenen Beamten der Kriminalpolizei einer neuen Anordnung bedurft habe***.

Die (neuerliche) Anordnung der Durchsuchung durch den Staatsanwalt sei rechtswidrig gewesen. Grundsätzlich sei ***gemäß Art. 13 II GG, § 105 I 1 StPO*** eine ***richterliche Durchsuchungsanordnung*** erforderlich. Die Staatsanwaltschaft und ihre Ermittlungspersonen dürfen Durchsuchungen nur bei Gefahr im Verzug anordnen. ***Gefahr im Verzug*** liege vor, wenn die richterliche Anordnung nicht mehr eingeholt werden könne, ohne dass der Zweck der Maßnahme – regelmäßig die Sicherung von Beweismitteln – gefährdet würde. Den Versuch, eine richterliche Durchsuchungsanordnung zu erlangen, dürfen die Staatsanwaltschaft bzw. ihre Ermittlungspersonen nur unterlassen, wenn schon die mit einem solchen Versuch verbundene zeitliche Verzögerung den Erfolg der Durchsuchung gefährden würde. ***Dabei sei auf den Zeitpunkt abzustellen, zu dem die Staatsanwaltschaft oder ihre Hilfsbeamten eine Durchsuchung erstmals für erforderlich hielten.***

Dies sei vorliegend spätestens um 19.10 Uhr gewesen. Aufgrund der „Wohnungsnachschau" sei den Beamten bekannt gewesen, dass sich keine Person in der von der Polizei seitdem überwachten Wohnung des festgenommenen A aufhielt und deshalb mit einer Beweismittelvernichtung oder anderen Verdunkelungshandlungen nicht (mehr) zu rechnen gewesen sei. Die Sicherung möglicher Beweismittel wäre deshalb durch den Versuch, Kontakt zu der um 20.26 Uhr noch im Dienst befindlichen Ermittlungsrichterin aufzunehmen, nicht gefährdet worden. Für die Annahme von Gefahr im Verzug habe somit kein Raum mehr bestanden.

II. RECHTSFOLGE: *„BEWEISVERWERTUNGSVERBOT"*?

Da der Staatsanwalt ***durch die Anordnung der – zweiten – Durchsuchung*** der Wohnung des A und des von ihm genutzten Gartens ***schwerwiegend gegen den Richtervorbehalt des Art. 13 II GG, § 105 I 1 StPO verstoßen*** habe, ***seien die bei dieser somit rechtswidrigen Durchsuchung aufgefundenen Beweismittel unverwertbar***. Da die Eilkompetenz der Strafverfolgungsbehörden auf Ausnahmesituationen beschränkt sei, ***könne Gefahr im Verzug nicht angenommen werden, wenn die Strafverfolgungsbehörden den Durchsuchungsort bzw. das Durchsuchungsobjekt gesichert hätten und der Ermittlungsrichter telefonisch erreichbar sei***.

Zum Zeitpunkt der Anordnung der zweiten Durchsuchung habe es ***keinerlei tatsächliche Grundlage mehr für die Annahme von Gefahr im Verzug*** gegeben. Vielmehr habe es sich bei der Annahme des Staatsanwalts, eine richterliche Entscheidung sei nach seiner Erfahrung innerhalb der gegebenen Zeitspanne nicht zu erlangen – angesichts der Angaben der Ermittlungsrichterin in der Hauptverhandlung – um eine ***nicht auf konkrete Tatsachen gestützte Vermutung*** gehandelt. Die Ermittlungsrichterin hatte in der Hauptverhandlung erklärt, dass sie sich im Regelfall Unterlagen per Fax schicken lasse, aber – wenn eine Übersendung nicht möglich sei – Durchsuchungen auch mündlich anordne. ***Der Richtervorbehalt sei somit in grober Weise missachtet worden, sodass es nicht mehr darauf ankomme, dass bei rechtmäßiger Verfahrensweise ein Durchsuchungsbeschluss mit hoher Wahrscheinlichkeit zu erlangen gewesen wäre (sog. „Hypothetisch rechtmäßiger Ermittlungsverlauf"). Die sichergestellten Beweismittel seien unverwertbar; das Urteil beruhe auch auf diesem Verfahrensverstoß.***

Darauf, ob A in der Hauptverhandlung bis zu dem in § 257 StPO genannten Zeitpunkt der Verwertungder bei der Durchsuchung gewonnenen Beweismittel widersprochen habe, komme es nicht an. ***Die Zulässigkeit der Verfahrensrüge wegen eines Verstoßes gegen § 105 I 1 StPO, mit der ein Beweisverwertungsverbot***

wegen Fehlern bei einer Durchsuchung zur Sicherstellung von Beweismitteln geltend gemacht wird, setze keinen auf den Zeitpunkt des § 257 I, II StPO befristeten Widerspruch des verteidigten Angeklagten gegen die Verwertung voraus. Es bedürfe auch keiner Beanstandung der Maßnahme gemäß § 238 II StPO (vgl. BGH NStZ 2017, 367)

FALLENDE

Sachverhalt (vgl. OLG Koblenz 1 Ws 53/21; BeckRS 2021, 4437)

FALL 32

Polizeibeamte hatten die Wohnung des Beschuldigten B zunächst gegen 9.52 Uhr – nach vergeblichem Klopfen und Rufen – durch die unverschlossene Wohnungstür betreten, um den Beschuldigten auf Grund eines bestehenden Vollstreckungshaftbefehls festzunehmen, die Wohnung nach ihm durchsucht, ihn jedoch nicht angetroffen und auf dem Couchtisch im Wohnzimmer eine weiße Substanz nebst typischen Betäubungsmittel-Utensilien sowie in einer Papiertüte auf dem Sofa eine Plastikbox mit transparentem Deckel, die eine grünliche Substanz beinhaltete, vorgefunden. Der daraufhin gegen 10 Uhr von den Beamten zwecks (weiterer) Durchsuchung der Wohnung kontaktierte Bereitschafts-Staatsanwalt S vertrat ausweislich seiner dienstlichen Stellungnahme die Auffassung, der Vollstreckungshaftbefehl stelle eine hinreichende Grundlage für eine Durchsuchung der Wohnung dar, zumal etwa durch das Auffinden von Unterlagen eventuell auch Rückschlüsse auf den aktuellen Aufenthaltsort des Beschuldigten möglich seien. Rein vorsorglich – da er nicht ausschließen könne, dass die Rechtsfrage streitig sei – würde er dennoch – nachdem er Dezernenten der Betäubungsmittelabteilung nicht erreicht hatte – versuchen, die Ermittlungsrichterin zu kontaktieren, damit sie Bescheid wisse und „notfalls (deklaratorisch)" die Durchsuchung legitimiere. Er traf sodann die Ermittlungsrichterin sowie deren Vertreterin nicht in ihren Büros an, die Mitarbeiterin der Geschäftsstelle befand sich in einem Telefonat und die Mitarbeiterin einer weiteren Geschäftsstelle teilte ihm mit, dass sich die Ermittlungsrichterin grundsätzlich im Hause befinde, die Vertreterin nicht. Staatsanwalt S schilderte nunmehr einer weiteren Richterin kurz den Sachverhalt, die die Vermutung äußerte, der 2. Vertreter sei wohl der dienstjüngste Richter, ohne angeben zu können, wer dies sei. Daraufhin teilte S den Polizeibeamten gegen 10.30 Uhr mit, er habe die Ermittlungsrichterin und ihre Vertreterin nicht erreichen können, sehe die Voraussetzungen für eine weitere Durchsuchung als gegeben und „trage insoweit die Verantwortung". Auf Grund dieser – von den Polizeibeamten als solche verstandenen – Durchsuchungsanordnung erfolgte die Durchsuchung der Wohnung des Beschuldigten im Rahmen derer insbesondere größere Mengen an Betäubungsmitteln, ein Baseballschläger, Feinwaagen, Verpackungsmaterial und ein Handy aufgefunden und sichergestellt wurden.
Der Verwertung dieser Beweismittel widersprach der Beschuldigte mit Schriftsatz seines Verteidigers rechtzeitig und rügte die Verwertung der bei der Durchsuchung aufgefundenen Beweismittel.
Zu Recht?

LÖSUNG Die Verwertung der bei der Durchsuchung aufgefundenen Beweismittel könnte wegen Verstoßes gegen das „Beweiserhebungsverbot" des § 105 I 1 StPO rechtsfehlerhaft sein.

I. VERSTOSS GEGEN DAS „*BEWEISERHEBUNGSVERBOT*" DES § 105 I 1 StPO?

Das ***Betreten der Wohnung*** durch die Polizeibeamten nach vergeblichem Klopfen und Rufen ***sowie*** deren ***anschließende Durchsuchung zur Ergreifung des Beschuldigten seien rechtmäßig erfolgt. Zwar*** stelle der durch die Staatsanwaltschaft ***gem. § 457 II StPO erlassene Vollstreckungshaftbefehl für sich genommen keine hinreichende Ermächtigung hierfür*** dar. J***edoch umfasse die gerichtliche Anordnung der Freiheitsentziehung durch eine rechtskräftige Entscheidung alle Maßnahmen gegen den Verurteilten, die zur Verwirklichung des Strafausspruchs notwendig würden, mithin auch die Durchsuchung der Wohnung*** **zwecks Ergreifung** des – der Ladung zum Strafantritt nicht folgenden – Beschuldigten auf der Grundlage eines durch die Staatsanwaltschaft erlassenen Vollstreckungshaftbefehls; ***einer gesonderten richterlichen Durchsuchungsanordnung habe es insoweit nicht bedurft*** (vgl. OLG Frankfurt a.M., NJW 1964, 785; M-G/S § 457 Rn 11).

Die ***im Rahmen dieser ersten Durchsuchung aufgefundenen Beweismittel*** seien damit ***als Zufallsfunde gem. § 108 I StPO verwertbar.***

Die ***sodann nach Rücksprache mit dem Staatsanwalt S durchgeführte (weitere) Durchsuchung*** der Wohnung sei demgegenüber ***wegen Missachtung des Richtervorbehaltes rechtswidrig***, weil eine gem. Art. 13 II GG; § 105 I StPO grundsätzlich erforderliche ***richterliche Durchsuchungsanordnung nicht vorgelegen habe*** und eine ***Eilkompetenz der Staatsanwaltschaft wegen „Gefahr im Verzug"*** – auf die sich der Staatsanwalt S infolge seiner fehlerhaften Rechtsauffassung auch gar nicht ausdrücklich berufen habe – ***ersichtlich nicht gegeben gewesen sei. Angesichts der vor Ort befindlichen Polizeibeamten, die sich davon überzeugt hätten, dass sich niemand in der seitdem von ihnen überwachten Wohnung befunden habe, habe bereits keinerlei Beweismittelverlust gedroht. Hinzu komme, dass ein Ermittlungsrichter an einem Werktag zu dienstüblichen Zeiten ohne Weiteres in absehbarer Zeit zu erreichen sei.*** Nach den seitens des Staatsanwalts S eingeholten Informationen habe sich sogar die originär zuständige Ermittlungsrichterin im Haus befunden – sie sei zu diesem Zeitpunkt lediglich nicht in ihrem Büro gewesen.

Die dem vorliegenden Vollstreckungshaftbefehl vorausgehende gerichtliche Entscheidung habe damit unter keinem denkbaren Gesichtspunkt eine Grundlage für die erfolgte Durchsuchung zum Zwecke des Auffindens von Beweismitteln hinsichtlich des neuen Tatverdachts dargestellt.

II. RECHTSFOLGE: „*BEWEISVERWERTUNGSVERBOT*"?

Die sich aus der dienstlichen Stellungnahme des Staatsanwalts S ergebende Rechtsauffassung, der Vollstreckungshaftbefehl stelle eine Grundlage für die weitere Wohnungsdurchsuchung dar, entbehre jeglicher Grundlage. Selbst wenn die Annahme noch vertretbar erscheinen könnte, die dem Haftbefehl vorangegangene Gerichtsentscheidung berechtige auch zu einer Durchsuchung zwecks Auffindens von Anhaltspunkten für den aktuellen Aufenthalt des Festzunehmenden, ***sei es** jedenfalls **fernliegend und objektiv unvertretbar, von einer Berechtigung zum Suchen nach Beweismitteln hinsichtlich eines neuen Tatverdachts*** – hier eines Verstoßes gegen das BtMG – ***auszugehen***. Angesichts dieses ins Auge springenden Umstandes ***müsse es Staatsanwalt S bewusst gewesen sein, dass eine richterliche Anordnung erforderlich sei, so dass sein Rechtsirrtum nicht geeignet sei, sein unzureichendes Bemühen um einen richterlichen Beschluss zu rechtfertigen***.

In Anbetracht der offensichtlich fehlenden Dringlichkeit der Durchsuchung sei es auch nicht nachvollziehbar, dass Staatsanwalt S neben den vorgenommenen, oben geschilderten Erkundigungen nicht weitere naheliegende Maßnahmen ergriffen habe, um einen Ermittlungsrichter zu erreichen. Abgesehen davon, dass er ohne Weiteres ***auf die Rückkehr der zuständigen Ermittlungsrichterin hätte warten*** bzw. eine ***Rückrufbitte bei der Geschäftsstelle hätte hinterlassen*** können, sei die ***Richterin auch jederzeit – mittels Rufumleitung auf ihr Mobiltelefon – telefonisch erreichbar gewesen***, was Staatsanwalt S zudem per Rundmail bekannt gegeben worden war. Dennoch habe S ***nicht einmal einen Anrufversuch unternommen***. Es sei darüber hinaus auch ***nicht ersichtlich, dass am Vormittag eines Werktages kein sonstiger vertretungsberechtigter und -bereiter Richter erreichbar gewesen sein könnte***, die Zuständigkeiten hätten sich S problemlos durch eine Einsichtnahme in den Geschäftsverteilungsplan oder weiteres Nachfragen erschließen können.

Bei einer derart schwerwiegenden Verkennung des Richtervorbehalts komme dem Aspekt eines möglichen hypothetisch rechtmäßigen Ermittlungsverlaufs, d.h. dem Umstand, dass bei richtiger Verfahrensweise ein Durchsuchungsbeschluss mit hoher Wahrscheinlichkeit zu erlangen gewesen wäre, keine Bedeutung mehr zu (vgl. BGH NStZ 2020, 621; M-G/S § 105 Rn 19).

III. „*FERNWIRKUNG*" DES BEWEISVERWERTUNGSVERBOTS?

Damit habe die Rechtswidrigkeit der auf Anordnung des Staatsanwalts S erfolgten (weiteren) Wohnungsdurchsuchung vorliegend auch ein Beweisverwertungsverbot hinsichtlich der dabei aufgefundenen Beweismittel zur Folge.

In einem ähnlich gelagerten Fall, der einem **Beschluss des LG Mainz (3 KLs 3300 Js 22971/19 (AG Mainz), BeckRS 2020, 45954)** zugrunde lag, ***lehnte das LG die Eröffnung des Hauptverfahrens*** gegen den Angeschuldigten A gemäß § 204 I StPO ***aus tatsächlichen Gründen ab wegen Bestehens eines Beweisverwertungsverbots, noch dazu ergänzt um die noch seltenere Fernwirkung***.

Nach den Ausführungen des LG beruhe der Anklagevorwurf auf den bei einer Wohnungsdurchsuchung aufgefundenen Beweismitteln (Betäubungsmittel, Schreckschusspistole, Teleskopschlagstock), die ihrerseits allerdings einem Beweisverwertungsverbot unterlägen, da die Anordnung der Durchsuchung unter Verkennung des Richtervorbehaltes aus § 105 I StPO erfolgt sei. ***Die zuständige Bereitschaftsstaatsanwältin habe ohne den Versuch der Kontaktaufnahme zu***

dem verfügbaren Bereitschaftsrichter die Durchsuchung angeordnet, obwohl zum Zeitpunkt der Durchsuchungsanordnung (um 20:40 Uhr) die Erreichbarkeit eines Bereitschaftsrichters gewährleistet gewesen sei. Es hätten laut Aktenlage ***auch keine Anhaltspunkte dafür*** bestanden, ***dass der Zweck der Maßnahme durch ein Abwarten gefährdet worden wäre***.

Damit habe die zuständige Bereitschaftsstaatsanwältin die ***Bedeutung des Richtervorbehalts grundlegend verkannt***. Denn sie habe ***aufgrund einer*** von ihr dokumentierten ***„gedanklichen Fehlleistung" verkannt, dass der richterliche Bereitschaftsdienst um die fragliche Uhrzeit noch erreichbar gewesen sei, obwohl die Zeiten des richterlichen Bereitschaftsdienstes im hiesigen LG-Bezirk hinlänglich bekannt gewesen seien. Angesichts dieser groben Missachtung des Richtervorbehalts komme es nicht mehr darauf an, dass bei richtiger Verfahrensweise ein Durchsuchungsbeschluss mit hoher Wahrscheinlichkeit zu erlangen gewesen wäre. Die bei der Durchsuchung sichergestellten Beweismittel sowie etwaige zeugenschaftliche Aussagen der insoweit eingesetzten Polizeibeamten unterlägen damit vollumfänglich einem Beweisverwertungsverbot.***

Insbesondere lasse sich ein hinreichender Tatverdacht auch nicht auf die polizeiliche Vernehmung des Angeschuldigten A am nächsten Morgen stützen. Zwar lehne die obergerichtliche Rechtsprechung eine „Fernwirkung" von Beweisverwertungsverboten grundsätzlich ab, lasse sie in Ausnahmefällen nach der Sachlage im Einzelfall und der Art des Verwertungsverbots jedoch zu. So liege ausnahmsweise der Fall hier. ***Die polizeiliche Vernehmung des A am nächsten Morgen sei damit eröffnet worden, dass ihm mitgeteilt wurde, welche Beweismittel in seiner Wohnung gefunden worden seien. Seine folgenden Angaben seien deshalb inhaltlich derart eng mit der rechtswidrigen Durchsuchungsmaßnahme verwoben, dass die diesbezüglichen Angaben des A ebenfalls einem Verwertungsverbot unterlägen.***

FALLENDE

FALL 33

Sachverhalt (vgl. BGH 2 StR 46/15; BeckRS 2016, 116025)

Der Angeklagte A, gegen den wegen gewerbsmäßigen Betrugs ermittelt wurde, befand sich bereits in Untersuchungshaft, als seine Lebensgefährtin die Ermittler darauf hinwies, dass sich in seiner Wohnung noch ein Koffer mit verfahrensrelevantem Beweismaterial befand. Die Staatsanwältin S beantragte daraufhin beim zuständigen Ermittlungsrichter eine Durchsuchungsanordnung. Dieser wollte ohne vorherige Vorlage der Verfahrensakte indes keine Durchsuchung anordnen. Daraufhin ordnete S unter Berufung auf ihre Eilkompetenz die Durchsuchung selbst an. „Gefahr im Verzug" begründete S damit, dass die Lebensgefährtin des A sonst womöglich Beweismittel aus der Wohnung beiseiteschaffen würde. Im anschließenden Strafverfahren wurde A wegen des in dem aufgefundenen Koffer befindlichen Beweismaterials verurteilt.
Mit der gegen seine Verurteilung gerichteten Revision rügte A die Verwertung der bei der Durchsuchung in dem Koffer aufgefundenen Beweismittel.

LÖSUNG

Die Verwertung der bei der Durchsuchung aufgefundenen Beweismittel könnte wegen Verstoßes gegen das *„Beweiserhebungsverbot“* des § 105 I 1 StPO rechtsfehlerhaft sein.

I. VERSTOSS GEGEN DAS *„BEWEISERHEBUNGSVERBOT“* DES § 105 I 1 StPO?

1. *Zeitlicher* und *inhaltlicher* Prüfungsumfang des Ermittlungsrichters

Mit der vorliegenden Entscheidung wird die strenge Linie von BGH und BVerfG zur Durchsetzung des ***„Richtervorbehalts“* bei Durchsuchungen** fortgeführt. Nach Ansicht des BVerfG (vgl. BVerfG 2 BvR 2718/10 und 2 BvR 849/11 und 2 BvR 2808/11 zu §§ 102, 103 StPO) sei der mit einem Durchsuchungsantrag befasste zuständige Richter verpflichtet, den **Antrag unter allen relevanten Gesichtspunkten umgehend zu prüfen** und eine eigenverantwortliche Entscheidung zu treffen. Die richterliche Prüfungs- und Entscheidungszuständigkeit beschränke sich nicht auf die Feststellung eines abschließenden Ergebnisses in Form der Anordnung der beantragten ermittlungsrichterlichen Maßnahme oder deren Ablehnung. Vielmehr habe der zuständige Richter **auch darüber zu befinden, wie lange er den Antrag prüft, ob es vor seiner Entscheidung weiterer Sachaufklärung bedarf und in welcher Form ihm die Entscheidungsgrundlagen vermittelt werden sollen. Mit der Befassung des zuständigen Ermittlungsrichters durch die Stellung eines Antrags auf Erlass einer Durchsuchungsanordnung und der dadurch eröffneten Möglichkeit präventiven Grundrechtsschutzes durch den Richter ende die Eilkompetenz der Staatsanwaltschaft und ihrer Ermittlungspersonen.**

Auch soweit während des durch den Richter in Anspruch genommenen Entscheidungszeitraums **nach dessen Befassung die Gefahr eines Beweismittelverlusts eintrete,** etwa weil dieser auf ein mündlich gestelltes Durchsuchungsbegehren hin die Vorlage schriftlicher Antragsunterlagen oder einer Ermittlungsakte fordere, Nachermittlungen anordne oder schlicht bis zum Eintritt der Gefahr eines Beweismittelverlusts noch nicht entschieden habe, **lebe die Eilkompetenz der Ermittlungsbehörden nicht wieder auf.**

Die **Eilkompetenz der Ermittlungsbehörden könne nur dann neu begründet** werden, wenn **nach der Befassung des Richters tatsächliche Umstände eintreten oder bekannt werden, *die sich nicht aus dem Prozess der Prüfung und Entscheidung über diesen Antrag ergeben,* und hierdurch die Gefahr eines Beweismittelverlusts** in einer Weise **begründet werde,** die der Möglichkeit einer rechtzeitigen richterlichen Entscheidung entgegenstehe.

Gemessen daran habe die Staatsanwältin S ihre **Eilkompetenz zu Unrecht in Anspruch** genommen. Denn sobald S bei dem zuständigen Ermittlungsrichter die Durchsuchungsanordnung beantragt hatte, sei für die Inanspruchnahme der Eilkompetenz der Staatsanwaltschaft kein Raum mehr gewesen. Hinweise darauf, dass sich nachträglich neue Gesichtspunkte ergeben hätten, die eine Gefahr im Verzug begründeten, hätten nicht vorgelegen.

2. *„Gefahr im Verzug"*

Zudem sei die **Annahme von *„Gefahr im Verzug"*** durch die Staatsanwältin S **auch sachlich fehlerhaft** gewesen. Denn diese **Annahme dürfe sich nicht auf bloßen Spekulationen gründen, sondern müsse anhand konkreter Tatsachen belegt werden**. Über die Tatsache hinaus, dass der der Beschuldigte A selbst sich zu diesem Zeitpunkt bereits in Untersuchungshaft befunden habe, sei die Möglichkeit, die Lebensgefährtin könnte Beweismittel beiseiteschaffen, rein spekulativ gewesen. Denn immerhin habe sie die Behörden selbst erst auf den Koffer hingewiesen und erklärt, sie habe kein Interesse, etwas für A zu tun.

Vgl. auch BGH 2 StR 394/15; BeckRS 2016, 11272: *Entscheidend war hier vor allem der Umstand, dass der Staatsanwalt noch nicht einmal versucht hatte, eine richterliche Anordnung zu erlangen, obwohl ihn die Anfrage der Beamten an einem Werktag zu dienstüblichen Zeiten erreicht hatte.*

Wie das **BVerfG (vgl. BVerfG 2 BvR 675/14; BeckRS 2019, 4521)** nun klargestellt hat, ***sind Gerichte verpflichtet, für einen ausreichenden Bereitschaftsdienst von Richtern zu sorgen. Das gilt für die Nachtzeit zwar nur in Ausnahmefällen. Ob ein solcher Ausnahmefall vorliegt, muss von den Gerichten aber wenigstens geprüft werden.*** Dabei sei ihnen ein gewisser Beurteilungsspielraum einzuräumen. Im vorliegenden Fall war der zuständige Ermittlungsrichter samstags nur zwischen zehn Uhr vormittags und zwölf Uhr mittags anwesend. Danach gab es eine Rufbereitschaft, aber auch nur bis 21 Uhr. Ob nachts ein Bereitschaftsdienst erforderlich gewesen wäre, hat das zuständige Gericht nach Ansicht des BVerfG hingegen nicht geprüft. ***Unterließen die Gerichte schon diese Prüfung und stützten die Ermittlungsbehörden ihre Durchsuchungsanordnung deshalb auf Gefahr im Verzug, weil sie wüssten, dass sowieso kein Bereitschaftsdienst eingerichtet sei, der erreicht werden könnte, so sei eine solche Durchsuchung rechts- und verfassungswidrig.***

II. RECHTSFOLGE: *„BEWEISVERWERTUNGSVERBOT"*?

Weil sich die bewusste Missachtung des *„Richtervorbehalts"* aus § 105 I 1 StPO und Art. 13 II GG mithin als gravierend und willkürlich darstelle, müsse dies zu einem **Beweisverwertungsverbot** hinsichtlich der bei der Durchsuchung der Wohnung des A aufgefundenen Beweismittel führen.

III. KEIN *„WIDERSPRUCH"* DES VERTEIDIGERS

Interessant an der vorliegenden Entscheidung ist noch, dass der BGH ausdrücklich feststellt, **dass es bei einem Verwertungsverbot wegen willkürlicher Missachtung des *„Richtervorbehalts"* keines Widerspruchs des Verteidigers bedarf.** Denn anders als bei einer Aussage habe der Angeklagte in einem solchen Fall keinerlei Einfluss auf die Erlangung des Beweismittels. Die Aufklärung diesbezüglicher Verfahrensmängel sei daher allein vom Gericht von Amts wegen vorzunehmen.

FALLENDE

FALL 34

Sachverhalt (vgl. OLG Oldenburg, 2 Ss OWi 152/16; BeckRS 2016, 13296)

Dem Angeklagten A sollte nachmittags eine Blutprobe nach § 81 a I 2 StPO wegen des Verdachts der Trunkenheit im Straßenverkehr (§ 316 StGB) entnommen werden. Hierin willigte er nach polizeilicher Belehrung nicht ein. Der eingeschaltete Staatsanwalt S versuchte sodann, einen richterlichen Beschluss über die Blutprobenentnahme zu erwirken. Zu diesem Zweck rief er zunächst beim Bereitschaftsrichter am AG in M an. Dort wurde er unter Bezugnahme auf eine Entscheidung des LG O, wonach das AG in O für die Anordnung der Blutprobenentnahme zuständig sei, an das AG O verwiesen. Der dortige Bereitschaftsrichter teilte ihm mit, dass er sich selbst nicht für zuständig halte, sondern dass vielmehr das AG in M zuständig sei und er sich daher der Sache nicht annehmen werde. Nachdem beide Richter die Anordnung der Blutentnahme abgelehnt hatten und seit der polizeilichen Kontrolle des A bereits eine Stunde verstrichen war, ordnete Staatsanwalt S persönlich die Blutentnahme bei A an, welche durchgeführt und der späteren Verurteilung des A zugrunde gelegt wurde.

LÖSUNG

Nach Ansicht des ***OLG Oldenburg*** unterlagen die Erkenntnisse aus der unter Berufung auf ***„Gefahr in Verzug"*** durchgeführten Blutprobenentnahme einem ***„Beweisverwertungsverbot"* wegen Verstoßes gegen das *„Beweiserhebungsverbot" des § 81a II StPO a.F.*.** Nachdem Staatsanwalt S die Richter bei den AG in M und O, die für die Entscheidung in Frage kamen, erreicht hatte, habe seine (staatsanwaltschaftliche) Eilkompetenz geendet. Sie lebte auch nach der Weigerung der angerufenen Richter, sich mit der Sache zu befassen, nicht wieder auf. Vor diesem Hintergrund sei die Zwangsmaßnahme **willkürlich** ohne richterliche Anordnung und damit unter **bewusstem Ignorieren des *„Richtervorbehalts"* oder gleichwertiger gröblicher Missachtung** durchgeführt worden und müsse zur Unverwertbarkeit des Ergebnisses der Blutprobe führen.

Kritik
Selbst wenn man in der ersten Kontaktaufnahme zwischen Staatsanwalt S und dem Ermittlungsrichter des AG in M einen Antrag auf Erlass einer richterlichen Anordnung nach § 105 StPO erblicken würde, könnte dieser nicht den Wegfall ermittlungsbehördlicher Eilkompetenz bewirken. Wäre dieser Ermittlungsrichter nämlich tatsächlich sachlich unzuständig gewesen, wäre ihm mit Blick auf das dann bestehende Befassungsverbot jede Entscheidung in dieser Sache verboten gewesen. Dann aber hätten die Ermittlungsbehörden weder ihre Eilkompetenz noch ihre Befugnis, einen weiteren Richter mit der nämlichen Sache zu „befassen", verloren.

Die gegenteilige Ansicht müsste den Ermittlungsbehörden – in einer mit dem *„Gebot einer funktionstüchtigen Strafrechtspflege"* nicht zu vereinbarenden Weise – auch im Falle einer Antragsstellung beim unzuständigen Gericht jede weitere Handlungsbefugnis versagen. Dies würde namentlich die besonders praxisrelevanten Fälle erfassen, in denen dem Bereitschaftsstaatsanwalt etwa eine veraltete Liste des richterlichen Bereitschaftsdienstes vorgelegen habe und er – nachts – den sachlich unzuständigen Richter „befasst" habe.

Da im Fall des OLG Oldenburg aber beide Ermittlungsrichter ein Befassungsverbot angenommen und jede Entscheidung in der Sache abgelehnt hatten, ging den Ermittlungsbehörden – entgegen der Ansicht des OLG Oldenburg – ihre Eilkompetenz zu keiner Zeit an einen *„befassten"* Richter verloren (vgl. Moldenhauer/Wenske, JuS 2017, 206, 209 f.).

Eine Gleichsetzung mit der Entscheidung des BVerfG (vgl. BVerfG 2 BvR 2718/10 und 2 BvR 849/11 und 2 BvR 2808/11) zu §§ 102, 103 StPO ist zumindest deshalb problematisch, weil sich der *„Richtervorbehalt"* bei der Durchsuchung – im Gegensatz zu dem *„einfachgesetzlichen Richtervorbehalt"* des § 81a II StPO a.F. – aus dem Art. 13 II GG – ergibt.

Anmerkung zur Gesetzesänderung
Gem. **§ 81 a II 2 StPO** wurde **zum 24.08.2017** der ***„Richtervorbehalt" für Blutprobenentnahmen beim Verdacht einer Straftat nach § 315c I Nr. 1a, II, III oder § 316 StGB aufgehoben***. Die Anordnung der Entnahme einer Blutprobe steht nunmehr der Staatsanwaltschaft oder ihren Ermittlungspersonen zu.
Bezüglich der Anordnung einer Blutprobe besteht nach Ansicht des OLG Rostock (vgl. 20 RR 85/17, BeckRS 2017, 140378) kein Anordnungsvorrang der Staatsanwaltschaft gegenüber den Polizeibeamten. Außerdem unterliege die Verfahrensvorschrift des § 81a StPO nicht dem strafrechtlichen Rückwirkungsverbot und beanspruche mit ihrem Inkrafttreten sofortige Geltung.
Die Aufhebung des *„Richtervorbehalts"* durch den Gesetzgeber war möglich, da es sich nur um einen ***„einfachgesetzlichen Richtervorbehalt"*** handelte, der nach Ansicht des BVerfG nicht zum Bereich des rechtsstaatlich Unverzichtbaren gehört; die Entnahme von Blutproben stelle – anders als die Wohnungsdurchsuchung (vgl. Art 13 II GG) keinen so schwerwiegenden Eingriff in das Grundrecht auf körperliche Unversehrtheit aus Art. 2 II 1 GG dar, dass von Verfassungs wegen ein *„Richtervorbehalt"* zu verlangen wäre. Den Betroffenenrechten wird durch die Möglichkeit nachträglichen Rechtschutzes entsprechend § 98 II 2 StPO sowie die Überprüfung im Hauptverfahren hinreichend Rechnung getragen.

GRUNDSATZ: KEIN *„BEWEISVERWERTUNGSVERBOT"*
Grundsätzlich führen Verstöße gegen § 81a StPO nicht zu einem Verwertungsverbot. Vor allem ist § 136a StPO im Rahmen des § 81a StPO aus systematischen Gründen nicht anwendbar, da die Untersuchungsergebnisse stets auch auf gesetzmäßigem Weg erlangt werden können (vgl. BGHSt 24, 129).
Ebenso stellt die ***Inanspruchnahme der Eilkompetenz bei fehlendem richterlichen Bereitschaftsdienst*** keine willkürliche oder gezielte Umgehung des Richtervorbehalts dar (vgl. BVerfG, 2 BvR 1596/10). Schließlich ist allein das ***Fehlen der verfassungsgerichtlich vorgeschriebenen Dokumentation*** der Gründe für die Annahme von Gefahr im Verzug auch kein so schwerwiegender Fehler, dass dies ein Verwertungsverbot nach sich zieht (vgl. BVerfG 2 BvR 1046/08).
Eine ***Blutprobenentnahme***, die ***entgegen § 81a I 2 StPO nicht von einem Arzt***, sondern z.B. von einer Krankenschwester oder dem Medizinstudenten durchgeführt wird, unterliegt **grundsätzlich keinem Beweisverwertungsverbot**, weil diese Vorschrift nur den Schutz der körperlichen Unversehrtheit des Beschuldigten bezweckt. Mit der Vornahme des Eingriffs hat sich diese Funktion erledigt (vgl. BGHSt 24, 125; M-G/S § 81a Rn 32b).

AUSNAHME: *„BEWEISVERWERTUNGSVERBOT"*

Ausnahmsweise können die ***willkürliche Annahme von Gefahr im Verzug, die bewusste und gezielte Umgehung des Richtervorbehalts oder die in gleichgewichtiger Weise gröbliche Verkennung der Rechtslage*** ein **Verwertungsverbot** begründen (vgl. OLG Naumburg 2 Ws 201/15).

Im Ausnahmefall kann sich ein selbstständiges Beweisverwertungsverbot auch aus einer Verletzung des *„Grundsatzes des fairen Verfahrens"* (Art. 6 I 1 EMRK) ergeben. Das soll z.B. der Fall sein, wenn ein Polizeibeamter ***bewusst vortäuscht, dass die Blutprobe von einem Arzt entnommen werde*** (vgl. OLG Hamm NJW 1965, 1089; M-G/S § 81a Rn 33). Irrt der Polizeibeamte jedoch über die Arzteigenschaft, so steht auch die Anwendung körperlichen Zwangs der Verwertbarkeit nicht entgegen (vgl. BGHSt 24, 125, 132).

FALLENDE

FALL 35

Sachverhalt (vgl. BGH 2 StR 302/08; BeckRS 2009, 13319)

Der als Strafverteidiger tätige Angeklagte A wurde verdächtigt, Briefe eines Mandanten an der Postkontrolle der JVA vorbei weitergeleitet zu haben, mit denen ein Zeuge in seinem Aussageverhalten beeinflusst werden sollte. Im Zuge der gegen A eingeleiteten Ermittlungen wegen „Versuchter Strafvereitelung" wurde auch der Haftraum des Mandanten des A durchsucht. Dabei wurde ein Brief des A beschlagnahmt, in dem A einen Richter als „unfähig und faul" bezeichnet hatte, „an dessen Verstand man mit Fug und Recht zweifeln muss".

Das LG hat A wegen Beleidigung verurteilt. A rügt, dass sein Schreiben „als Verteidigerpost" im Haftraum seines Mandanten nicht habe beschlagnahmt werden dürfen. Zu Recht?

LÖSUNG

Ein ***„UNSELBSTSTÄNDIGES BEWEISVERWERTUNGSVERBOT"*** des im Haftraum seines Mandanten beschlagnahmten Briefes des Verteidigers A könnte sich ergeben aus einem **VERSTOSS GEGEN DAS *„BEWEISERHEBUNGSVERBOT"*** des

1. § 97 I, II StPO

Problematisch ist zunächst, dass das bei der Durchsuchung des Haftraums seines Mandanten aufgefundene und beschlagnahmte Schreiben des A nicht den im Durchsuchungsbeschluss bezeichneten Vorwurf der „versuchten Strafvereitelung" betraf, sondern eine andere Straftat, nämlich den Tatbestand des § 185 StGB. Die Beschlagnahme eines sog. ***„Zufallsfunds"*** regelt **§ 108 I 1 StPO,** wobei allerdings auch das „**Beschlagnahmeverbot"** des **§ 97 StPO zu beachten** ist (vgl. M-G/S § 108 Rn 4).

§ 97 I Nr. 1 i.V.m. § 53 I Nr. 2 StPO verbietet die Beschlagnahme ***schriftlicher Mitteilungen*** **zwischen dem *Beschuldigten*** **und *seinem Verteidiger*,** es sei denn, dass eine **Teilnahmeverdacht gegenüber dem Verteidiger** besteht **(§ 97 II 3 StPO).**

Das **Beschlagnahmeverbot** des § 97 StPO ergänzt die Zeugnisverweigerungsrechte (§§ 52 ff. StPO) und soll gerade ihre Umgehung verhindern. Voraussetzung für die Anwendbarkeit des **§ 97 StPO** sei mithin, so der BGH, das Bestehen eines ***„Verteidigungsverhältnisses"*,** da diese Vorschrift auch das **Zeugnisverweigerungsrecht**

des Verteidigers aus § 53 I 1 Nr. 2 StPO flankieren solle. Daher würden Berufsgeheimnisträger auch **nur insoweit geschützt, als *ihr „Zeugnisverweigerungsrecht" im Verfahren gegen den Beschuldigten* tangiert sei, aber *nicht soweit ihr eigenes Individualinteresse als selbst beschuldigte Person* betroffen** sei. Dies folge aus dem **Wortlaut des § 97 I Nr. 1 StPO,** der zwischen den Prozessrollen des ***„Beschuldigten"*** und ***„den Personen"*** differenziere, **die zur Zeugnisverweigerung in dem gegen den Beschuldigten gerichteten Verfahren berechtigt** seien. D.h. dass bei einer Verletzung der § 53 StPO **nur der private Lebensbereich des Rat- oder Hilfe*suchen den*** beeinträchtigt sein könne, **nicht aber derjenige des Rat- oder Hilfe*leistenden*.**

Vorliegend sei § 97 I Nr. 1 StPO mithin **nicht anwendbar, da sich die Maßnahme *„gegen den Verteidiger A als Beschuldigten"* gerichtet habe,** ihn also nicht in seiner Rolle als zeugnisverweigerungsberechtigte Person betroffen habe (vgl. BGHSt 53, 257; M-G/S § 97 Rn 4).

Ergänzend merkt der BGH an, dass die Interessen des Mandanten in diesem Falle ausreichend dadurch geschützt würden, dass die gewonnenen Erkenntnisse **ausschließlich im Strafverfahren *gegen den Verteidiger* verwertet** werden dürften; **im Verfahren *gegen den Mandanten selbst*** sei die **Verwertung** dieser Erkenntnisse **gem. § 97 I Nr. 1 StPO ausgeschlossen** (vgl. BGHSt 53, 257; M-G/S § 97 Rn 4).

2. § 160a I 1, 2 StPO

Mit der Einführung des **§ 160a StPO** sollte ausweislich der Begründung des Gesetzgebers erstmals eine Regelung geschaffen werden, die unter **uneingeschränkter Beibehaltung sowohl der Zeugnisverweigerungsrechte als auch der dem mittelbaren Schutz des Berufsgeheimnisses dienenden Sonderregelung in § 97 StPO auch *alle anderen Ermittlungsmaßnahmen* Einschränkungen zugunsten des anwaltlichen Vertrauensverhältnisses unterwirft**.

§ 160a StPO ergänzt damit die Vorschrift des § 97 StPO ***in den Fällen fehlenden Gewahrsams*** (vgl. § 97 II 1 StPO) ***eines zeugnisverweigerungsberechtigten Berufsgeheimnisträgers*** (vgl. § 160a V; vgl. a. LG Mannheim NStZ 2012, 713 mit Anm. Jahn und Kirsch sowie NJW-Spezial 2012, 504 mit Anmerkung Beukelmann).

Insofern sollte mit der Einführung des § 160a StPO für Vertrauensverhältnisse von Berufsgeheimnisträgern nur ein „***zusätzlicher Schutz***" geschaffen werden, der die **bestehende Regelung des § 97 StPO unberührt** lässt (**§ 160a V StPO**; vgl. M-G/S § 160a Rn 20 f.) Obwohl **§ 97 StPO** folglich als ***„lex specialis"* zu § 160a StPO** anzusehen ist, sollen sich die **Rechtsfolgen eines Verstoßes gegen § 97 StPO aus der Vorschrift des § 160a StPO** ergeben, weil **§ 97 StPO keine eigene Regelung zur Verwertung beschlagnahmefreier Gegenstände** enthält (vgl. BT-Drs. 16/5846, 38; BeckOK § 97 Rn 58).

So unterliegen, wie der BGH in einer weiteren Entscheidung klargestellt hat (vgl. BGH NJW-Spezial 2014, 217), auch die aufgezeichneten Telefongespräche zwischen einem Beschuldigten und seinem Verteidiger auch dann einem **Beweisverwertungsverbot nach § 160a I 2, 5 StPO, wenn zum Zeitpunkt der Gespräche *noch kein Mandatsverhältnis bestand* bzw. später ein solches *auch nicht zustande kommt***. Denn das **berufsbezogene Vertrauensverhältnis**, das zu schützen § 53 StPO beabsichtige, beginne nicht erst mit Abschluss des zivilrechtlichen Geschäftsbesorgungsvertrags, sondern **umfasse ebenso bereits *„Anbahnungsgespräche“***. Auch der Beschuldigte, der auf der Suche nach einem Verteidiger sei, bringe jedem Rechtsanwalt ein schutzwürdiges Vertrauen entgegen, mit dem er zu diesem Zweck kommuniziere. **Maßgeblich sei allein, dass der Gesprächsinhalt dem Rechtsanwalt in funktionalem Zusammenhang mit seiner Berufsausübung zur Kenntnis gelangt sei und daher seinem Zeugnisverweigerungsrecht nach § 53 I 1 Nr. 2 StPO unterfalle.** Denn derjenige, der Vertrauen suche, müsse, um dieses Vertrauen aufbauen zu können, im Vorfeld sicher sein, dass sämtliche vom Rechtsanwalt in seiner Funktion gewonnenen Erkenntnisse dem Zeugnisverweigerungsrecht unterfielen, es sei denn, dass diese Informationen gerade zur Weitergabe an Dritte erteilt worden seien.

Vorliegend ist allerdings **§ 160a I 1, 2 StPO schon seinem Wortlaut nach *(„zeugnisverweigerungsberechtigt“) nicht auf den selbst beschuldigten Berufsgeheimnisträger*** A **anwendbar** (vgl. M-G § 160a Rn 1).

3. § 148 I StPO

Für die **Frage des *Gewahrsams*** an „***Verteidigerpost***“ wird **§ 97 StPO** zudem ergänzt **durch § 148 StPO.** Daher sind ***Verteidigerunterlagen*** auch dann **von der Beschlagnahme ausgeschlossen**, wenn sie der inhaftierte oder auf freiem Fuß befindliche Beschuldigte **noch nicht abgesandt** hat (vgl. LG Mainz NStZ 1986, 473), wenn sie sich **noch auf dem Postweg** befinden oder wenn sie **bereits in den Besitz des Beschuldigten gelangt** sind (vgl. M-G/S § 97 Rn 37). Die Beschlagnahmefreiheit folgt im Interesse des Beschuldigten – über den Wortlaut des § 97 StPO hinaus – aus Art. 6 III EMRK. Denn der in **§ 148 I 1 StPO** garantierte freie Verkehr des Beschuldigten mit seinem Verteidiger bedingt – **bei verfassungskonformer Auslegung des § 97 StPO** – dass **elementare Verteidigungsunterlagen *unabhängig davon, wo und bei wem sie sich befinden*, von der Beschlagnahme auszunehmen** sind (vgl. BVerfG NStZ 2002, 377).

Nach Auffassung des BGH stehe auch **§ 148 I StPO** einer Beschlagnahme und Verwertung des Schreibens des A an seinen Mandanten nicht entgegen (vgl. M-G/S § 97 Rn 4).
Zwar normiere § 148 I StPO den „***Grundsatz des unkontrollierten schriftlichen und mündlichen Verkehrs zwischen Verteidiger und Beschuldigtem***“, soweit dies der Vorbereitung der Verteidigung des Mandanten diene (vgl. BGHSt 27, 260). Aber auch hier beziehe sich diese Vorschrift eben nur auf den Schutz des „***Vertrauensverhältnisses zwischen dem Verteidiger und seinem Mandanten***“ zum Zwecke der Verteidigung. Diesem unverzichtbaren Schutz unterfielen daher **nicht diejenigen Straftaten, die der Verteidiger selbst „*nur bei Gelegenheit der Verteidigung seines Mandanten*“ begehe**, die also, wie hier im Falle der Beleidigung eines Richters durch den Verteidiger A, **mit der *seinem Mandanten vorgeworfenen Tat* nichts zu tun hätten**.

Damit durfte das Schreiben des A an seinen Mandanten, dass bei der Durchsuchung des Haftraums zufällig aufgefunden wurde, zulässigerweise beschlagnahmt und in dem Strafverfahren gegen A auch verwertet werden.

Eine gegen die Entscheidung des BGH gerichtete **Verfassungsbeschwerde** des A blieb **erfolglos** (vgl. BVerfG NJW-Spezial 2010, 536). Das Verhältnis zwischen Mandant und Verteidiger begründe **keine *„beleidigungsfreie Sphäre"*.** Insbesondere bestehe kein schutzwürdiges Interesse des Verteidigers, der dem ***„Sachlichkeitsgebot"* (§ 43a III BRAO)** verpflichtet sei, an der ungehinderten Kundgabe ehrverletzender Äußerungen über Dritte gegenüber seinem Mandanten.

KLAUSURHINWEIS

Wenn die **Beschlagnahme *zum Zeitpunkt ihrer Anordnung zulässig*** war, **hindern später eintretende – einer Beschlagnahme entgegenstehende – Umstände eine Verwertung nicht** (vgl. BGHSt 25, 169; BGH NStZ 1983, 85; BeckOK § 97 Rn 59).

Entsprechend soll ***im umgekehrten Fall der erst nachträglich zulässig gewordenen Beschlagnahme*** **kein Verwertungsverbot** bestehen, wenn sich nicht ausnahmsweise der Verdacht erst aus den *unzulässigerweise gewonnenen Erkenntnissen* ergibt (vgl. BGHSt 25, 169; BGH NStZ 2001, 604; BeckOK § 97 Rn 59).

FALLENDE

FALL 36

Sachverhalt (vgl. BGH 2 StR 247/16; BeckRS 2017, 118214)

Die Strafverfolgungsbehörden hatten gegen den Angeklagten A und seinen gesondert verfolgten Hintermann über einen längeren Zeitraum hinweg umfangreiche verdeckte Ermittlungen wegen des Verdachts des gewerbsmäßigen Betäubungsmittelhandels angestellt. Als sie Hinweise darauf erhielten, dass A mit seinem Pkw eine größere Menge Betäubungsmittel aus den Niederlanden einführen würde, wollte die Polizei die Drogen aus dem Verkehr ziehen, auch um damit Beweismittel für das Strafverfahren zu gewinnen. Allerdings sollten dabei nicht zugleich auch die verdeckten Ermittlungen offenbart werden. Denn der Hintermann befand sich zu diesem Zeitpunkt in Marokko und es stand zu befürchten, dass er nicht nach Deutschland zurückkehren würde, wenn er von den gegen ihn gerichteten Ermittlungen erfährt. Daher wurde ein richterlicher Beschluss für die Durchsuchung des Fahrzeugs des A, der die Offenbarung der im Hintergrund geführten verdeckten Ermittlungen zwangsläufig zur Folge gehabt hätte, nicht eingeholt. Die Polizei entschloss sich stattdessen dazu, eine sog. „Legendierte Verkehrskontrolle" durchzuführen. Dabei wurde A mit seinem Pkw unter dem Vorwand einer normalen Verkehrskontrolle angehalten. Sein Fahrzeug wurde dann durchsucht, nachdem ein Rauschgiftspürhund angeschlagen hatte. Dabei wurde eine größere Menge Rauschgift aufgefunden und beschlagnahmt. Das LG hat A unter anderem aufgrund der bei der Durchsuchung entdeckten Betäubungsmittel zu einer Freiheitsstrafe verurteilt.

Mit der Revision rügte A einen Verstoß gegen den „Richtervorbehalt" des § 105 I 1 StPO und die Verwertung der bei der „Legendierten Verkehrskontrolle" aufgefundenen Beweismittel. Zu Recht?

LÖSUNG

Die Verwertung der bei der Durchsuchung aufgefundenen Betäubungsmittel könnte wegen Verstoßes gegen das „*Beweiserhebungsverbot*" des § 105 I 1 StPO rechtsfehlerhaft sein.

VERSTOSS GEGEN DAS „*BEWEISERHEBUNGSVERBOT*" DES § 105 I 1 StPO?

1. Ermächtigungsgrundlage nach PolG (HSOG)

Nach Ansicht des BGH stehe der Anwendung **präventiv-polizeilicher Ermächtigungsgrundlagen** nicht entgegen, dass zum Zeitpunkt der Fahrzeugdurchsuchung **bereits der Anfangsverdacht einer Straftat** bestanden habe, der auch ein Vorgehen nach §§ 102, 105 I 1 StPO ermöglicht hätte. Bei der vorliegenden Durchsuchung handele es sich um eine sog. ***„Doppelfunktionale Maßnahme"***, mit der sowohl präventive als auch repressive Zwecke verfolgt worden seien. Denn den Beamten sei es einerseits um Gefahrenabwehr gegangen, nämlich darum, zu verhindern, dass die eingeführten Betäubungsmittel in den Verkehr gelangten. Zum anderen sollten aber auch Beweismittel für das laufende Ermittlungsverfahren gegen A und seinen Hintermann gesichert werden. In einer solchen Situation bestehe **kein allgemeiner Vorrang strafprozessualer Maßnahmen gegenüber dem Gefahrenabwehrrecht.** Gefahrenabwehr und Strafverfolgung stünden als staatliche Aufgaben mit unterschiedlicher Zielrichtung gleichberechtigt nebeneinander, da ein starrer Vorrang der Strafprozessordnung es den Gefahrenabwehrbehörden unmöglich machen würde, adäquat und flexibel auf neue, häufig nichtvorhersehbare Gefahrenlagen zu reagieren. Polizeibehörden dürften daher ***auch während eines bereits laufenden Ermittlungsverfahrens*** auf Grund präventiver Ermächtigungsgrundlagen ***zum Zwecke der Gefahrenabwehr*** tätig werden. Die ***Rechtmäßigkeit der Maßnahme*** sei dann ***ausschließlich nach den gefahrenabwehrrechtlichen Voraussetzungen*** zu beurteilen.
Nach Auffassung des BGH konnte die Durchsuchung des Fahrzeugs des Angeklagten mithin auf **§ 37 I Nr. 1, Nr. 3 HSOG i.V.m. § 36 I Nr. 1 HSOG bzw. § 40 Nr. 1, Nr. 4 HSOG** gestützt werden, die eine vorherige richterliche Anordnung (im Gegensatz zur Durchsuchung von Wohnungen) nicht voraussetzten.

2. Verwertbarkeit nach § 161 II 1 StPO

Wie der BGH weiter ausführt, könnten die durch diese gefahrenabwehrrechtlichen Maßnahmen gewonnenen Erkenntnisse anschließend **nach Maßgabe des § 161 III 1 StPO auch im Strafverfahren als Beweismittel verwendet werden, wenn bei hypothetischer Betrachtung ein entsprechender richterlicher Durchsuchungsbeschluss erlassen worden wäre** (vgl. auch BGH 2 StR 180/17; BeckRS 2018, 3121). .
§ 161 II 1 StPO liege der Gedanke des sog. ***„Hypothetischen Ersatzeingriffs"*** zugrunde. Danach setze die ***Verwendung polizeirechtlich gewonnener Erkenntnisse im Strafverfahren*** voraus, dass diese – wie hier – rechtmäßig erhoben worden seien und zur Aufklärung einer Straftat dienten, aufgrund derer ***eine***

solche Maßnahme nach der Strafprozessordnung hätte angeordnet werden dürfen. Der Rückgriff auf den Gedanken des *„Hypothetischen Ersatzeingriffs"* finde erst dort seine **Grenze**, wo das **Gefahrenabwehrrecht zur Legitimierung einer Strafverfolgungsmaßnahme nur vorgeschoben** würde, obwohl in Wahrheit gar nicht die Abwehr einer Gefahr bezweckt werde. Ein solcher Rechtsmissbrauch liege allerdings fern, wenn, wie hier, nach mitgeführten gefährlichen Gegenständen gesucht werde.

3. *Zeitnahe* und *umfassende* Information der Staatsanwaltschaft

Gehe die Polizei nach Gefahrenabwehrrecht vor und bestehe gleichzeitig der Anfangsverdacht einer Straftat gegen einen Beschuldigten, sei zur Gewährleistung eines rechtsstaatlich *„fairen Verfahrens"* allerdings **sicherzustellen, dass die Staatsanwaltschaft zeitnah, wahrheitsgemäß und vollständig über die Hintergründe der polizeilichen Maßnahmen informiert werde.** Nur so sei gewährleistet, dass die Staatsanwaltschaft als **„Herrin des Ermittlungsverfahrens"** auf einer vollständigen Tatsachengrundlage über ihr weiteres strafprozessuales Vorgehen (z.B. die Beantragung eines Haftbefehls) entscheiden könne. Im Ermittlungsverfahren obliege es allein der Staatsanwaltschaft zu entscheiden, ob und gegebenenfalls welche Erkenntnisse gegen den Beschuldigten wegen einer Gefährdung des Untersuchungszwecks zunächst zurückgehalten würden. Spätestens mit Anklageerhebung müsse dann aber der für den Anklagevorwurf maßgebliche prozessuale Sachverhalt vollständig offengelegt werden, was, so der BGH, im zugrunde liegenden Fall auch geschehen sei.

FALLENDE

CHECKLISTE

ZU DEN FÄLLEN 29 – 36

Diese Stichpunkte sollten Sie sich einprägen:

- ☑ „Richtervorbehalt" (§ 105 I 1 StPO)
- ☑ „Gefahr im Verzug"
- ☑ „Hypothetisch rechtmäßiger Ermittlungsverlauf"
- ☑ Verlust der Eilfall - Zuständigkeit der Ermittlungsbehörden bei richterlicher Erstbefassung
- ☑ Neuregelung des § 81a II StPO
- ☑ „Legendierte Kontrolle"
- ☑ „Doppelfunktionale Maßnahme"